内蒙古自治区高质量发展系列研究丛书

科技创新引领内蒙古经济高质量发展研究

KE JI CHUANG XIN YIN LING NEI MENG GU JING JI
GAO ZHI LIANG FA ZHAN YAN JIU

内 蒙 古 自 治 区 研 究 室
中国科学院科技战略咨询研究院

中国发展出版社
CHINA DEVELOPMENT PRESS

图书在版编目（CIP）数据

科技创新引领内蒙古经济高质量发展研究 / 内蒙古自治区研究室，中国科学院科技战略咨询研究院编著 . —北京：中国发展出版社，2021.11
ISBN 978-7-5177-1258-9

Ⅰ.①科… Ⅱ.①内… ②中… Ⅲ.①技术革新 – 关系 – 区域经济发展 – 研究 – 内蒙古 Ⅳ.① F127.26

中国版本图书馆 CIP 数据核字 (2021) 第 222951 号

书　　　名：	科技创新引领内蒙古经济高质量发展研究
著作责任者：	内蒙古自治区研究室　中国科学院科技战略咨询研究院
出 版 发 行：	中国发展出版社
联 系 地 址：	北京经济技术开发区荣华中路22号亦城财富中心1号楼8层（100176）
标 准 书 号：	ISBN 978-7-5177-1258-9
经 销 者：	各地新华书店
印 刷 者：	北京市密东印刷有限公司
开　　　本：	710mm×1000mm　1/16
印　　　张：	12.75
字　　　数：	180 千字
版　　　次：	2021 年 11 月第 1 版
印　　　次：	2021 年 11 月第 1 次印刷
定　　　价：	59.00 元
联 系 电 话：	（010）68990630　68990692
购 书 热 线：	（010）68990682　68990686
网 络 订 购：	http://zgfzcbs.tmall.com
网 购 电 话：	（010）88333349　68990639
本 社 网 址：	http://www.develpress.com
电 子 邮 件：	150289754@qq.com

版权所有·翻印必究

本社图书若有缺页、倒页，请向发行部调换

内蒙古自治区高质量发展系列研究丛书编委会

龚明珠　　田德志　　祁世林　　欧阳志云

王忠宏　　李　布　　翟　琇　　潘教峰

王　辉　　郭万达　　刘国宏

"科技创新引领内蒙古经济高质量发展研究"课题组

组　　长

潘教峰　中国科学院科技战略咨询研究院院长、研究员

副 组 长

宋大伟　国务院研究室综合司原司长

　　　　中国科学院科技战略咨询研究院特聘研究员

张　凤　中国科学院科技战略咨询研究院副院长、研究员

王晓明　中国科学院科技战略咨询研究院研究员

主要成员

李颖明　中国科学院科技战略咨询研究院研究员

赵　璐　中国科学院科技战略咨询研究院副研究员

沈　华　中国科学院科技战略咨询研究院副研究员

李书舒　中国科学院科技战略咨询研究院副研究员

朱永彬　中国科学院科技战略咨询研究院副研究员

刘昌新　中国科学院科技战略咨询研究院副研究员

张　涵	中国科学院科技战略咨询研究院副研究员
刘志鹏	中国科学院科技战略咨询研究院助理研究员
陈光华	中国科学院科技战略咨询研究院副研究员
侯云仙	中国科学院科技战略咨询研究院助理研究员
许金华	中国科学院科技战略咨询研究院副研究员
钟　华	中国科学院科技战略咨询研究院副编审
石　彪	中国科学院科技战略咨询研究院副研究员
祁明亮	中国科学院科技战略咨询研究院研究员
李加莲	中国科学院科技战略咨询研究院助理研究员
刘寅鹏	中国科学院科技战略咨询研究院副研究员
夏　炎	中国科学院科技战略咨询研究院副研究员
余　江	中国科学院科技战略咨询研究院研究员
张　越	中国科学院科技战略咨询研究院副研究员
张赤东	中国科学院科技战略咨询研究院研究员
张丛林	中国科学院科技战略咨询研究院副研究员
薛俊波	中国科学院科技战略咨询研究院副研究员
王　娟	中国科学院科技战略咨询研究院助理研究员
田　园	中国科学院科技战略咨询研究院副研究员
马嫣然	中国科学院科技战略咨询研究院博士研究生
王　雅	中国科学院科技战略咨询研究院博士研究生
温雅婷	中国科学院科技战略咨询研究院博士研究生

咨询专家

刘伟平 中国科学院原党组副书记、副院长

中国科学院科技战略咨询研究院特聘研究员

李欣欣 中央政策研究室原副秘书长

中国科学院科技战略咨询研究院特聘研究员

唐 元 国务院研究室工交司原司长

中国科学院科技战略咨询研究院特聘研究员

赵 路 财政部科教司原司长

中国科学院科技战略咨询研究院特聘研究员

序 言

内蒙古自治区（以下简称内蒙古）地处祖国北疆，横跨我国东北、华北、西北三大地区，内连八省（自治区），外接蒙、俄，自然和生态资源十分丰富，是我国北方重要的生态安全屏障、祖国北疆安全稳定屏障、向北开放的重要桥头堡。21世纪以来，内蒙古紧紧围绕国家战略部署，依托能源资源优势，不断推进改革开放，经济发展取得了举世瞩目的成就。目前，内蒙古所处的国内外环境发生了重大变化，已进入新的发展阶段。推动高质量发展，是新时代保持内蒙古经济社会持续健康发展的必然要求，是解决内蒙古发展不平衡不充分问题的必然要求，也是遵循经济规律发展的必然要求。

习近平总书记十分关心内蒙古高质量发展问题，多次作出指示和批示。2014年1月习近平总书记考察内蒙古时提出，内蒙古要着力转变经济发展方式，提高经济发展质量和水平[①]；2018年3月习近平总书记参加十三届全国人大一次会议内蒙古代表团审议时提出，内蒙古要扎实推动经济高质量发展，把祖国北

[①] 《习近平赴内蒙古调研 向全国各族人民致以新春祝福》，新华网，2014年1月29日，http://www.xinhuanet.com//politics/2014-01/29/c_119185638_4.htm。

部边疆这道风景线打造得更加亮丽[①]；2019年3月习近平总书记参加十三届全国人大二次会议内蒙古代表团审议时提出，内蒙古要探索以生态优先、绿色发展为导向的高质量发展新路子[②]；2019年7月在内蒙古考察并指导开展"不忘初心、牢记使命"主题教育时，习近平总书记再次强调，内蒙古要牢记初心和使命，贯彻以人民为中心的发展思想，落实新发展理念，做好稳增长、促改革、调结构、惠民生、防风险、保稳定各项工作，不断增强各族群众的获得感、幸福感、安全感[③]。习近平总书记的重要讲话和指示，为内蒙古高质量发展指明了战略方向，对扎实推动内蒙古经济社会高质量发展具有深远影响。

面对世界百年未有之大变局，面对高质量发展的时代任务，我们要认真学习、坚决贯彻落实习近平总书记关于内蒙古高质量发展的一系列指示批示精神，站在国家全局和战略大局上思考发展，主动适应变化，谋划好内蒙古经济社会高质量发展的战略举措。

必须坚持以绿色低碳循环为主题，并以此作为选择重点发展方向的基本逻辑起点和依据。作为我国北方面积最大、种类最全的生

[①] 《习近平在参加内蒙古代表团审议时强调：扎实推动经济高质量发展 扎实推进脱贫攻坚》，人民网，2018年3月6日，http://cpc.people.com.cn/n1/2018/0306/c64094-29849635.html。

[②] 《习近平参加内蒙古代表团审议》，新华网，2019年3月5日，http://www.xinhuanet.com/politics/2019lh/2019-03/05/c_1124197105.htm。

[③] 《习近平在内蒙古考察并指导开展"不忘初心、牢记使命"主题教育》，新华网，2019年7月16日，http://www.xinhuanet.com/politics/2019-07/16/c_1124761316.htm。

态功能区，内蒙古的生态状况不仅关系全区各族群众的生存和发展，而且关系华北、东北、西北乃至全国的生态安全。建设北方重要的生态安全屏障，是国家赋予内蒙古的定位。内蒙古的创新、协调、开放、共享应更多围绕绿色来做文章。内蒙古要保持加强生态文明建设的战略定力，实现绿色转型，探索以生态优先、绿色发展为导向的高质量发展新路子。

必须加快新旧动能转换，做强实体经济，筑牢高质量发展根基。一是推动传统特色产业数字化、网络化、智能化建设，运用新技术、新模式改造提升传统产业，推动传统优势特色产业分化裂变、升级换代、跨界融合，实现"脱胎换骨"。二是大力培育产业集群，尤其是强化具有潜在战略发展价值的稀土材料、石墨烯新材料、大数据等产业集群的发展。三是建立健全产业创新驱动机制，实现经济发展动力从投资驱动向创新驱动转变，促进产业向价值链中高端迈进，形成创新驱动的现代化经济体系。四是深入实施品牌战略，培育一批国内外知名的产品、企业、行业，培育区域品牌，促进品牌高端化，改变内蒙古产品质优价低的局面。

必须推动形成高水平对外开放新格局。向北开放是我国新时代开放战略大格局中的重要一环，不仅对深化我国面向俄、蒙开放合作，更好维护国家能源资源安全具有战略意义，也是推进和深化与东北亚国家和地区经贸合作的重要渠道。内蒙古在向北开放过程中具有不可替代的地缘优势。内蒙古不仅要进一步强化向北开放桥头堡的战略功能,还要继续发挥"承东启西,贯通南北"的区位优势,加强与东北、华北各省区市的合作,共同构建面向俄、蒙、欧和东北亚的战略开放通道,带动周边省区市和更多地区参与到国家向北开放的战略布局之中。

必须创新体制机制,优化营商环境。要加快"放管服"改革,放宽市场准入,提升政府办事效率,增强政府行政能力和公信力,在制度方面加快改革,降低制度成本。大力推进建设一视同仁、公平竞争的营商环境。保护合法合规企业的权益,完善知识产权保护。把完善软环境建设纳入政府的政绩考核。通过诚信建设推动社会治理发展,优化发展软环境,吸引企业落户、产业生根。

必须充分尊重企业家精神。企业是市场经济的重要主体,企业家则是企业的灵魂和核心,在企业创新中起着不可替代的作用。这是因为企业家把分散的创新要素聚合在一起,不断地把科技创新与市场结合起来,从而使那些具有创新性、前瞻性的思想成为现实。因此,落实好高质量发展的时代要求,必须充分发挥企业的主体作用,充分调动亿万市场主体的积极性和创造性,充分尊重、保护和弘扬企业家精神,切实发挥好企业家在创新中的引领作用。

必须保障和改善民生,满足人民美好生活需要。高质量发展的最终目的是造福于人民,提高各个阶层的福祉。要建立完善的基本保障制度,实现初次分配强调效率、再分配更加注重公平的社会财富调节机制,缓解城乡居民之间、城市及农村居民内部的收入差距扩大趋势。对结构性失业较严重的地区,制定针对性政策,避免因不充分就业和失业导致的收入差距过大问题。

作为直属国务院的政策研究和咨询机构,国务院发展研究中心长期关注内蒙古经济社会发展。为积极支持内蒙古经济社会发展,国务院发展研究中心与内蒙古自治区人民政府于2019年7月22日签署了合作备忘录。今后,国务院发展研究中心将全面贯彻党的十九大和习近平总书记对内蒙古工作的一系列重要讲话精神,推动高端智库优势和内蒙古自治区经济社会发展的实际需求紧密结合,为把祖国北部边疆这道风景线打造得更加亮丽提供强有力的智力支撑。

是为序。

国务院发展研究中心党组书记、研究员

马建堂

2019年10月于北京

目 录

导 言 ……………………………………………………………… 1

第一章 科技创新引领内蒙古经济高质量发展的现状及问题… 4
 一、内蒙古科技创新的供给情况 ……………………………… 4
 二、内蒙古创新发展的需求情况 ……………………………… 11
 三、内蒙古科技创新供需不平衡的原因分析 ………………… 15

第二章 内蒙古在国家发展全局中的战略地位和机遇挑战…… 18
 一、战略地位 …………………………………………………… 18
 二、发展机遇与挑战 …………………………………………… 21

第三章 内蒙古科技创新引领经济高质量发展的总体思路、原则和目标 ………………………………………………………… 29
 一、总体思路 …………………………………………………… 29
 二、基本原则 …………………………………………………… 31
 三、主要目标 …………………………………………………… 33

第四章 内蒙古科技创新引领经济高质量发展的主要领域 …… **39**
    一、依托优势产业和战略性新兴产业基础,打造创新型产业集群 … 40
    二、依托科技和产业支撑,建设国家北方绿色生态创新中心 …… 50
    三、依托健康医疗和旅游产业,大力发展民生经济 ……………… 53
    四、依托地区特色优势,打造创新发展增长极 …………………… 55

第五章 内蒙古科技创新引领经济高质量发展的重点任务 …… **59**
    一、培育高水平科技创新主体 ……………………………………… 59
    二、加强科技平台建设 ……………………………………………… 64
    三、加强科技创新要素供给 ………………………………………… 68
    四、优化科技区域布局 ……………………………………………… 70

第六章 内蒙古科技创新引领经济高质量发展的对策建议 …… **74**
    一、加强科技创新引领经济高质量发展的政府统筹能力 ………… 74
    二、构建科技创新引领经济高质量发展的市场推动能力 ………… 78
    三、构建科技创新引领经济高质量发展的基础保障能力 ………… 81
    四、构建科技创新引领经济高质量发展的协同创新能力 ………… 85

附录一 科技创新引领经济高质量发展的主要模式与关键抓手 … **87**
    一、科技创新引领经济高质量发展的主要模式 …………………… 87
    二、科技创新引领经济高质量发展的关键抓手 …………………… 90

附录二 关于内蒙古到 2025 年科技创新主要目标测算的说明 … **100**
    一、测算依据 ………………………………………………………… 100

二、测算目标 ……………………………………………… 101

三、测算方法 ……………………………………………… 112

四、测算结果 ……………………………………………… 116

五、相关数据 ……………………………………………… 119

附录三 内蒙古现代产业技术体系创新现状、方向与路径… **123**

一、现代能源产业 ………………………………………… 123

二、现代装备产业 ………………………………………… 132

三、现代材料产业 ………………………………………… 141

四、现代农牧加工产业 …………………………………… 151

五、现代健康产业 ………………………………………… 163

六、现代绿色生态产业 …………………………………… 169

七、现代数字服务产业 …………………………………… 179

导　言

改革开放以来，经过四十多年的高速发展，我国经济已整体进入高质量发展阶段，目前正处在转变发展方式、优化经济结构、转换增长动力的攻关期。科技创新是新时代经济高质量发展的第一动力，国家创新体系是实施创新驱动发展战略的关键抓手。目前，我国地区经济发展和创新能力的差距日益拉大，为实施创新驱动发展战略和区域协调发展战略带来新挑战，同时也带来新机遇。内蒙古是我国北方重要的生态安全屏障，是实施西部大开发战略的关键支撑区域，同时也是国家创新体系的重要组成部分。在新的发展阶段探索出一条以科技创新引领生态、经济和社会高质量发展的新模式和新路径，加快成为国家创新体系中北方区域的重要支柱，是内蒙古"十四五"时期以及面向2035年实现跨越式发展的重大战略任务。

世界新一轮科技革命和产业变革同新常态下我国经济结构优化升级交汇融合，为加快推进科技创新引领经济高质量发展带来重要机遇。党的十八大以来，我国围绕创新驱动发展战略出台了若干指导性和政策性文件，正在加快建设国家创新体系。部分省（区）及时抓住机会，加快布局科技创新体系，探索出适合本省（区）科技创新与经济发展相融合的模式和路径，激发出创新驱动发展的新动能。内蒙古整体处于传统要素驱动发展模式，科技创新体系和现代产业体系均不完善，两个体系间尚未建立融通发展模式，缺乏政府与市场协同发力的内在机制，亟须完善体系、健全机制、形成合力，加快向创新驱动发展模式转型，形成有竞争力的新增长极。

本书深入学习贯彻习近平总书记的系列重要讲话精神，结合科技创新驱动经济高质量发展的内在规律和先进经验，充分发挥内蒙古资源优势和区位优势，通过立足一个战略、依托四轮驱动、建设两大体系、提升四种能力的思路，建立健全促进科技创新体系和现代产业体系深度融合、实现创新驱动发展的体制机制和政策体系，推动内蒙古成为国家创新体系中的北方区域重要支柱，为内蒙古实现科技创新引领经济高质量发展找到一条可行的新路子，全面促进内蒙古生态、经济、社会的协调发展。

本书包括六章及三个附录。第一章从内蒙古科技创新引领经济高质量发展的现状出发，结合内蒙古科技创新的供给情况和内蒙古创新发展的需求情况，研判内蒙古科技创新引领经济高质量发展的总体情况和关键症结；第二章从国际大局、国内全局、自治区布局三个维度，分析总结内蒙古在国家发展全局中的战略地位和机遇挑战；第三章明确内蒙古科技创新引领经济高质量发展的总体思路、基本原则和主要目标；第四章从产业、生态、民生、区域四个维度布局内蒙古科技创新引领经济高质量发展的主要领域；第五章从科技创新主体培育、平台建设、要素集聚、布局优化四个方面提出支撑内蒙古经济高质量发展的区域科技创新体系建设重点任务；第六章从加强政府统筹能力、市场推动能力、基础保障能力、协同创新能力的角度，系统提出内蒙古科技创新引领经济高质量发展的对策建议。三个附录分别为《科技创新引领经济高质量发展的主要模式与关键抓手》《关于内蒙古到2025年科技创新主要目标测算的说明》《内蒙古现代产业技术体系创新现状、方向与路径》。

第一章　科技创新引领内蒙古经济高质量发展的现状及问题

根据《中国区域创新能力评价报告2019》[①]，内蒙古综合科技创新水平指数排在全国中后位置。从科技促进经济社会发展的水平看，总体而言，内蒙古科技创新能力尚不足以支撑经济高质量发展。

一、内蒙古科技创新的供给情况

科技创新供给能力不断提升。一是科技研发投入持续增强。2019年自治区级科技重大专项有28项，自然科学基金有810项，关键技术攻关有251项，自治区本级财政科技专项经费投入增长1.44倍。二是科技成果产出有质有量。2015年以来获得国家科学技术进步二等奖3项，2019年专利申请21069件，授权专利11059件，分别比上年增长28.3%和14.9%。三是技术转移转化成效明显。

[①] 该报告由科技部资助，由科技部、中国科学院、国家发展改革委、国务院发展研究中心、清华大学等单位组成的课题组完成。自1999年开始，持续每年发布。

2019年签订各类技术合同6130个，其中区内成交技术合同922个、增长75.0%，合同成交金额185.0亿元，其中区内成交技术金额16.9亿元、增长57.5%。四是科技创新优势领域成绩突出。近年来，内蒙古在生态环境与节能环保领域取得国家和自治区科技奖励成果达60项，占全部获奖成果的10%以上。尽管取得了一些成绩，但相较于发达区域，内蒙古的创新能力仍有待提升，主要存在以下几个突出问题。

（一）科研机构创新引领作用不强

高层次科研机构数量不足。内蒙古仅有3家国家重点实验室，占全国数量的0.6%，其中1家为省部共建国家重点实验室、2家为企业国家重点实验室；有国家工程技术研究中心2家、"双一流"大学1个[①]、高新技术领域国家级基地10家、国家级可持续发展实验区7个。实验室主要集中在呼和浩特市和包头市，其中，呼和浩特市有91家、占61.7%，包头市有29家、占18.8%，赤峰市有10家、占6.4%，通辽市有5家、占3.2%，呼伦贝尔市有4家、占3.2%，鄂尔多斯市有3家、占2.5%。创新服务机构少，科技企业孵化器仅40个，国家级科技企业孵化器仅10家，二者均占全国总数1%左右。高层次科研机构匮乏，科技创新供给能力不足。

科研机构竞争力不足。内蒙古已建成各类重点实验室159家，涵盖工程、生命、化学、信息、材料、地质、农业、药学等8个学科，在国家层面普遍缺乏竞争力，难以承担国家级重大基础研究课题，严重影响了重点实验室服务产业发展和学科建设的能力。目前，内蒙古

---

① 内蒙古大学仅一个学科进入"双一流"学科。

有些实验室已陷入"经费不足—产出不强—竞争力弱—经费不足"的恶性循环之中。

科技创新引领产业发展能力不足。内蒙古财政投入 8.4 亿元，支持建设了中科院包头稀土研发中心、浙江大学包头工业技术研究院、上海交通大学包头材料研究院和内蒙古伊泰煤基新材料研究院等 47 家新型研发机构，但其研发成果在科技转移转化环节表现偏弱，促进产业发展的作用表现不强。另外，内蒙古在生态环保及大规模储能、石墨烯、氢能、碳捕集封存等重点技术领域缺乏面向前沿科学、基础科学、应用科学及学科建设的重点实验室；在稀土、农牧业、蒙医药等特色领域缺乏国家级重点实验室；在大数据、新一代信息技术等数字技术领域，以及能源工程、高端装备和生态环保领域缺乏国家和省级工程研究中心；在乳业、高端装备、生态环保等领域缺乏国家级企业技术中心；缺乏集研究开发、成果转化、产权运作于一体的新型研发机构；缺乏高水平科技创新公共服务体系与平台。内蒙古主要领域重点实验室的分布情况见表1-1。

表1-1　　　　　内蒙古主要领域重点实验室分布　　　　（单位：家）

重点实验室领域	数量	国家重点实验室	区级重点实验室
新材料	25	1	9
农牧业	19	1	8
生物科技	16	0	14
工程领域	14	1	10
医药	13	0	11
信息技术	10	0	8
生态环境	12	0	6
能源技术	6	0	4
可再生能源技术	5	0	3

数据来源：根据内蒙古科学技术厅数据整理。

协同创新能力不足。高校及科研院所产教融合不足，企业创新能力偏弱。全区企业研发中心总数有 460 家①，涉及能源、化工、冶金、农畜产品加工、装备制造等传统产业领域，以及新能源、新材料、电子信息、生物制药等高新技术领域，但技术引入机制和市场导向机制匮乏。全区高校普遍缺乏紧密围绕地区产业特色打造的精品专业，具备产业基础的重点学科建设滞后；高校和科研院所合作的综合性新型研发机构和产业技术创新联盟建设滞后，目前全区产业技术联盟仅有 17 家，其中农牧业占据了 13 家（见表1-2）。另外，与区外高水平创新主体合作互动不强。在现代农牧业、稀土新材料、新能源等领域与国内一流科研机构和高等学校合作不深入，区内优势资源与相关行业优势资源对接不足。

表1-2　　　　　　　　内蒙古产业技术联盟

序号	名称	序号	名称
1	内蒙古马铃薯产业技术创新战略联盟	10	内蒙古蒙中药产业技术创新战略联盟
2	内蒙古燕麦产业技术创新战略联盟	11	内蒙古农牧机械制造产业技术创新战略联盟
3	稀土产业技术创新战略联盟	12	内蒙古草产业技术创新战略联盟
4	蓝莓产业技术创新战略联盟	13	内蒙古道地药材种植产业技术创新战略联盟
5	内蒙古蓖麻产业技术创新战略联盟	14	煤炭地下气化产业技术创新战略联盟
6	内蒙古鹿业技术创新战略联盟	15	内蒙古向日葵产业技术创新战略联盟
7	草原生态修复产业技术创新战略联盟	16	内蒙古肉苁蓉产业技术创新战略联盟
8	中国北方寒冷地区蔬菜产业技术创新战略联盟	17	内蒙古再生资源产业技术创新联盟
9	内蒙古肉羊产业技术创新战略联盟		

数据来源：内蒙古科学技术厅。

---

① 部分企业研发中心拥有重点实验室。

（二）科技创新要素供给力度不足

从科技活动投入看，内蒙古科技活动要素的总体投入水平位居全国第 21 位[①]，科技活动财力投入居全国第 26 位，处于全国中后位置。2018 年，企业拥有专利数仅为全国平均水平的 1%；全区高新技术企业仅有 752 家，与全国 13 万家高新技术企业的规模相比发展差距巨大。

从财力投入看，内蒙古研发投入低于全国平均水平，仍处于全国靠后位置。2018 年，全区全社会研究与试验发展（R&D）经费投入 129.2 亿元，占地区生产总值的比重为 0.75%，远低于全国平均水平的 2.13%。全国同期企业研发投入达到 1.2 万亿元，内蒙古占比不足 0.7%。

从人员投入看，研发人员数量初具规模，但层次不高。2017 年，自治区高新技术企业从业人员为 19.86 万人，初步具备了一定规模的科技人才队伍，但同期全国有 2735.48 万人。同时，人才队伍层次不高，首先，缺乏产业领军人才，尤其在石墨烯、大规模储能技术等方面，严重缺乏高端人才。其次，高层次基础研发人才匮乏，内蒙古有大专高等院校 44 所，教研与科研人员、研究与发展人员共计 19627 人[②]，近五年主持各类国家级基础研究计划的人员不超过 1000 人，与全国平均水平存在明显差距。高层次人才的匮乏直接影响到科技产出效果，内蒙古万名高技术产业就业人员有效发明专利数为 166 件，而全国平均水平达到 282 件。再次，基础研究人才队伍弱。作为基础研究主要载体的大学在硕博士点建设、高水平基础研究人才引进和培养方面明显不足。2003 年以来，自治区重点实验室年均投入 500 多万元，这对 159 家重点实验室而言杯水车薪，造成多数基础研究项目点多面广，

---

① 数据来源于《中国区域创新能力评价报告2019》。
② 2018年统计数据。

集成度和研究深度不足等问题。最后，高技能人才培养滞后。技术技能人才的社会地位和待遇偏低，高职高专入学率偏低，生源质量有待提高，部分职高学校年招生规模仅为两位数。高技能人才培养能力不足，导致高技术企业招工难，影响产业发展。

（三）创新平台的支撑能力有待提升

科技成果转移转化的支撑能力不强。自治区构建了初步的科技成果转移转化平台，建成国家级引进国外智力成果示范推广基地1个、引进国外智力示范单位1家、技术转移示范机构1个，设立每年5亿元规模的科技成果转化专项资金，开发了科技大数据和科技成果交易转化平台，但仍存在诸多问题。2017年，全国技术市场成交合同达到36.7万项，交易金额达到1.3万亿元，而内蒙古市场成交合同为678项，交易金额为19.6亿元。主要原因：一是成果转化工作基础薄弱，目前主要提供线上技术交易、供需对接，成果转化联动工作机制尚未形成，自治区科技成果库功能单一，没有充分发挥成果资源供给中心的作用。二是技术转移体系不够完善，自治区本级和各盟市技术交易平台建设滞后，自治区三级技术交易网络尚未形成。市场化、专业化的技术转移机构和人才匮乏，导致成果转移转化效率低下。三是科技服务业发育不充分，对科技成果转化的服务支撑作用较弱，没有形成相对成熟的科技服务业态，缺乏项目路演、成果展示、政策发布与咨询、线上培训等全方位的综合性一站式科技服务。

科技基础设施建设有待补强。科技基础设施可分为专用研究设施、公用研究设施以及公益类研究设施，共享与开放是科技基础设施的基本使用和管理原则。专用研究设施是某个学科领域的特定大科学装置类型的设施，如北京正负电子对撞机、兰州重离子研究装置等。公用研究设施是指多个学科公用的设施，如上海光源、合肥同步辐射装置等。公益类科技基础设施包括中国遥感卫星地面站、中国西南野生生物种质资源库等。目前，内蒙古没有国家级科技基础设施，区内尚未布局生态环境试验、观测站点等科学平台载体，缺乏围绕现代农牧业、现代能源、稀土新材料以及生态产业等特色优势产业的国家重大科研基础设施、大科学装置/工程。

（四）科技创新布局有待优化

高层次科技创新产业园区少，由点带面能力不足。国家级高新技术区数量偏少，管理模式单一，尚未形成更高层次的国家自主创新示范区。大学科技园、科技产业园、科技创业园等各类园区建设不充分，全区国家级大学科技园仅1个。

科技创新载体数量不足，大多数盟市尚未依托区域特色产业培育出自治区级经济技术开发区和高新技术开发区。如赤峰高新技术产业开发区、阿拉善经济技术开发区等都未达到国家级产业园区层次。没有有效统筹各地创新载体建设，尚未形成国家级高新区（开发区）、国家级自主创新示范区、自治区级经济技术开发区、特色产业园区等层次化的创新体系架构。建成国家级农业园区8家，但相比于内蒙古的广袤面积，仍然缺乏一批现代农牧业产业园和高新技术产业示范区，缺乏国家稀土新材料产业园、稀土功能材料创新中心等国家级产业技术园区。

区域创新有效联动偏少，与京津冀、粤港澳大湾区、长三角经济圈等发达地区的连接和互动不足。内蒙古实施了一批区域科技创新联动活动和项目，如联合宁夏、甘肃、青海等省区举办的"全国沙产业创新创业大赛"被列入国家专业赛序列，依托内蒙古农业大学建设的中国—蒙古国生物高分子应用联合实验室为"一带一路"联合实验室之一,但在国家东北、西北发展战略上始终处于被动位置,有效科技互动偏少,与经济发达、科技活跃区域的联动不足,导致科技引入效果不佳。

二、内蒙古创新发展的需求情况

近年来,内蒙古在科技创新支撑社会经济发展方面取得了显著成效。生态科技创新方面,积极推进重大生态修复工程,森林覆盖率达到22.1%。阿尔山被授予国家生态文明建设示范市、"绿水青山就是金山银山"实践创新基地称号,库布齐沙漠亿利生态示范区被命名为全国"绿水青山就是金山银山"实践创新基地。产业科技创新方面,支持企业技术改造、智能制造、绿色制造示范项目127个,煤炭、稀土转化率分别达到38.4%和80.6%。民生科技创新方面,围绕生态、环境、蒙医药、人口健康、公共安全等领域科技需求,开展技术攻关与示范。围绕煤炭清洁高效转化利用的专利技术达100多项,建成了煤制油等五大国家级现代煤化工示范基地。国家大院大所在自治区累计创建36个国家级生态修复试验示范台站。开放发展方面,全面扩大开放,2019年外贸进出口总额突破1000亿元。自治区始发的中欧班列增长1.4倍。创新同俄蒙合作机制,与蒙古国新建立5对友好城市。深化与日本、韩国以及中国港澳地区经贸合作。组织1700多家企业参加首届中国国际进口博览会。

内蒙古实现科技创新引领经济社会高质量发展是区域协调发展的必由之路,必须牢牢把握科技创新大势,以科技创新为驱动力,深入推进生态、产业、民生和地区发展四个维度的科技创新引领工作,切实突破区域转型发展的瓶颈。

一是优势和特色产业发展需要科技创新和成果转化平台。 自治区能源、稀土等优势和特色产业需要延长产业链和价值链。自治区产业发展长期存在传统产业多、新兴产业少，低端产业多、高端产业少，资源型产业多、高附加值产业少，劳动密集型产业多、科技密集型产业少的"四多四少"问题，根源在于缺乏创新驱动的现代产业集群。如装备制造业、现代农牧业等未能形成聚集效应，尤其是能源领域，虽然资源十分丰富，但围绕煤炭资源的清洁开采、清洁使用和能源应用的链条不完备，围绕能源的生产性服务业不发达。2017年自治区高校获得专利授权600项，出售1项，专利出售额5万元；鉴定科技成果109项，出售1项，技术转让合同金额5万元，整个自治区2017年的高校科技成果实际收入分别仅占全国份额的0.15%和0.018%[①]，亟待依托产学研联盟打造一批有实力的能源技术创新平台，推动企业共性技术共同研发、成果共享以及风险共担。

特色产业缺乏开放性的科技成果转移转化平台与区域合作平台。自治区着力发展大规模储能、石墨烯、稀土、氢能、碳捕集封存五大特色产业。其中，仅在稀土领域有一定的基础，其他领域基础研发能力薄弱。内蒙古高新技术产业规模小，发展缓慢，实现产业转型升级缺乏关键核心技术，必须借助外部科技资源和力量才能完成。2019年，内蒙古依托京蒙科技合作的现代农牧业技术转移平台，通过技术培训、电商对接、技术转移等形式，累计示范推广39项新品种、新技术。

二是生态科技创新和绿色产业缺乏持续性科研投入。 近年来，内

---

① 李萍萍.内蒙古高校科技成果转化困境及其对策研究[D].内蒙古大学, 2019.

蒙古以习近平新时代中国特色社会主义思想为指导,深入贯彻落实习近平总书记的重要讲话精神,坚持绿水青山就是金山银山的理念,坚持生态优先、绿色发展,大力实施创新驱动发展战略,着力营造创新环境,完善区域创新体系,努力开创创新型内蒙古建设新局面。作为内蒙古最重要的特色资源和功能定位,生态环境研究需要足够高的战略定位。但目前生态环境保护相关技术和理论研究有待深化,汇聚联动全国的科研资源和创新力量的能力不足。2019 年,国家大院大所在自治区累计创建 36 个国家级生态修复试验示范台站。如在巴彦淖尔国家重金属污染重点防控区,组织自治区科研单位与国家大院大所联合实施典型污染场地影响区土壤与地下水污染识别与修复重大技术攻关;将"内蒙古生态脆弱区'一湖两海'等典型湖泊退化机制与生态调控"纳入国家生态环境保护科技创新总体布局。内蒙古开展黄河流域农业面源污染综合防控研究,建立综合防控区等,但还缺乏一批生态环保领域的重点实验室、新型研发机构,科技投入需求缺口仍然较大,持续的资助机制亟待解决。目前,全区多数重点实验室研究经费主要来自政府投入,且额度有限。自治区尚未设立重点实验室专项经费,重点实验室正常运转受到较大制约。同时,作为典型的资源大省,内蒙古先进环保和高效节能产业发展滞后,在工业领域"三废"的技术开发与应用、废矿尾矿处理、电解铝烟气处理等方面的关键技术研发还有待加强。

三是民生产业发展有待提升科技基础设施及技术供给水平。发展民生科技需要进一步开发科技基础设施。近年来,内蒙古优质公共服务供给普遍增加,农牧民生产生活条件显著改善,科研基础设施、科学仪器对全社会开放共享,城乡居民可支配收入比缩小,社会公平性、发展普惠性、增长包容性明显提升。但区域特色民生产业及民生关联度高的科技创新不足，尤其是围绕人口健康、蒙中医药、公共安全、防灾减灾等领域重大需求的科技创新亟待加强。

旅游业发展的科技融入程度不高，未来数字技术促进旅游发展是主要技术需求缺口。内蒙古旅游资源丰富，但配套和服务能力较弱，科技支撑能力不足，旅游发展需求细分不够，缺乏智慧旅游发展体系，没有形成内蒙古特色科技旅游文化，游客"过得来""留得住""能回味"的效果尚未达到。未来，数字旅游的发展必然离不开数字化的科技基础设施的支持，这对已经建成的由 100 万台服务器构成的大型数据中心的算力共享和科技研发活动提出了新的需求。

人口健康、蒙中医药领域科技创新能力有待进一步提升，卫生健康、蒙中医药研发等方面研究需求较大。内蒙古医疗条件落后瓶颈亟待破除，在精密仪器设备、医疗信息共享、远程医疗技术等方面比较落后，需要突破。区域特色蒙中医药和科技医疗双向驱动的医疗创新发展路径尚不明确。

值得关注的是，自治区实验室拥有近 2.4 万台（套）、价值 36 亿元的科研仪器设备，但由于设备重复购置、缺乏资源共享观念，造成设备使用率低下。因此，开放共享实验设备，发挥科技基础设施的公共品价值，是未来推动内蒙古民生领域科技创新发展的一项重要内容。

四是区域经济协同发展亟须补强科技协同与共享合作机制。内蒙古各盟市加强科技创新，积极发展自主创新示范区、技术产业示范区，打造呼包鄂国家自主创新示范区、巴彦淖尔国家农业高新技术产业示范区、鄂尔多斯国家可持续发展议程创新示范区、国家乳业技术创新中心和稀土技术创新中心。部分盟市正在发展特色的产业区。如阿拉善乌兰布和生态沙产业高新技术产业开发区，打造集生态保护、沙产业、旅游业、农牧民转移安置为一体的产业示范区。呼和浩特市和林格尔新区启动建设内蒙古首个超算平台，助力内蒙古国家大数据综合试验区建设。准格尔旗入选国家首批创新型县（市）建设名单，等等。但各盟市间协同互补力度不足，需要引起重视。内蒙古与周边省市虽有较强的合作需求，但合作尚不紧密。如呼包鄂榆城市群企业技术创新政策不明确、创新管理服务能力不足、创新型企业聚集度不高。部区会商、院区合作还有待加强，呼包鄂自创区、巴彦淖尔农高区、鄂尔多斯可持续发展议程创新示范区、乳品及蒙医药国家重点实验室等工作有待进一步推进。内蒙古对外科技交流合作水平有待提升。在与俄罗斯、蒙古国、韩国、以色列、瑞典、希腊等国家科研机构合作的基础上，与发达国家科研单位的科技交流合作有待进一步提升。

三、内蒙古科技创新供需不平衡的原因分析

一是战略与统筹不足。 统筹协调体制机制不健全，创新体制推进和落实效果不佳，缺乏推进科技创新引领经济高质量发展中长期战略和相关的指导意见。近年，内蒙古实施了西部大开发、东北振兴、黄河流域生态保护和高质量发展等区域科技创新的工作部署，但是尚未明确在国家创新体系中的定位，缺乏围绕科技创新发展定位的战略规划和指导意见。

二是科技创新引领经济高质量发展的观念与认识不足。 内蒙古科技创新服务意识薄弱，氛围不浓，在政策制定、社会民生保障、产业布局规划及区域联动发展等方面，政府研发投入的总量不足、结构不够合理，尚未形成可持续发展的基础研究资助体系，财政和金融对于科技创新缺乏持续有效的支持。

三是科技计划的制定和落实有待改善。 内蒙古科技计划、功能定

位与财政匹配不一致，四大类经费对应六大计划，导致重大战略任务不聚焦、有限的资金被分散。围绕大规模储能、石墨烯、稀土、氢能、碳捕集封存五大重点领域的科技创新协同攻关机制尚未制定。科技创新组织协调和资源调配机制运行效率不高，科技与产业融合的部门协调运行机制不畅。政府监督、评估和绩效评价工作薄弱，缺乏各类科技资源向企业和社会开放共享机制，创新导向的评价制度尚未建立，多主体协同的产学研合作模式有待优化。

四是尚未建立科技促进经济发展的有效市场机制。缺乏科技创新的产业发展引导机制。国有科技企业孵化器、加速器改制转型亟待推进，企业、创投机构建立和运营专业化的孵化器、加速器、众创空间的发展不充分，缺乏国际科技企业孵化器。特色产业联盟发展缓慢，围绕自治区优势产业、重点培育的新兴产业、有发展潜力的地方特色产业，缺乏组织化、制度化和规范化运行机制。缺乏灵活响应市场需求的研发网络和平台，缺乏跨区域跨行业的研发合作与交流平台。科技成果转移转化的市场激励机制作用发挥不足。科技成果转化的专业服务能力不强，缺乏能源、装备制造、材料、农牧加工、健康、绿色生态、数字服务等领域的重点产业前沿技术库，缺乏以科学数据分析为基础的科技成果精准推送机制和激励机制，以成果转化及产业化为导向的科技成果评价机制尚不健全。面向产业发展需求的成果转化力度有待提升。自治区理工农医类高校在自治区开展科技成果转化或承担区内企事业单位委托项目比重偏低。自治区关键核心技术二次开发应用和产业化不够充分。科技成果转化激励机制不明确，企业科技成果转化风险和成本较大，新成立的中小型高新企业面临成本压力更大。缺乏科技创新的市场环境，缺乏知识产权行政侵权查处机制，新产业、新业态的市场准入门槛有待进一步破除，用户补贴、财税和保险等政策手段的普惠性有待加强。

五是创新发展的保障措施不足。人才保障能力不足，人才政策落实困难重重，主要人才计划对区域外的人才缺乏吸引力和政策保障。人才制度未成体系，需进一步完善梳理现有人才政策，构建以人才培养、人才评价、人才流动、人才激励、人才引进、投入保障为重点的人才制度体系。人才培养模式不明晰，大学与高职高专分工不明确，缺乏产业导向和创新导向。人才评价制度、收入分配制度有待完善。科技创新投入保障不足，政府研发投入规模不足，税收优惠、保险、价格补贴和消费者补贴等政策有待落实。新型基础设施、标准体系建设以及公共服务平台等薄弱环节建设的财政支持力度不足。金融机构对科技创新投入资金提供渠道不够畅通。面向科技评估、科技咨询、科技代理、技术转移转化等各类科技中介服务机构发展较慢。

第二章 内蒙古在国家发展全局中的战略地位和机遇挑战

一、战略地位

党的十八大以来，习近平总书记先后于2014年①、2019年②两次深入内蒙古考察，2018年③、2019年④、2020年⑤、2021年⑥四次参加全国十三届人大会议内蒙古代表团审议会议，对内蒙古发展做出一系列重要指示批示。为了践行"建设亮丽内蒙古、共圆伟大中国梦"，内蒙古要重点围绕"四个着力"⑦和"五个结

---

① 《习近平赴内蒙古调研 向全国各族人民致以新春祝福》，新华网，2014年1月29日，http://www.xinhuanet.com/politics/2014-01/29/c_119185638_4.htm。
② 《习近平在内蒙古考察并指导开展"不忘初心、牢记使命"主题教育》，新华网，2019年7月16日，http://www.xinhuanet.com/politics/2019-07/16/c_1124761316.htm。
③ 《习近平在参加内蒙古代表团审议时强调：扎实推动经济高质量发展 扎实推进脱贫攻坚》，人民网，2018年3月6日，http://cpc.people.com.cn/n1/2018/0306/c64094-29849635.html。
④ 《习近平参加内蒙古代表团审议》，新华网，2019年3月5日，http://www.xinhuanet.com/politics/2019lh/2019-03/05/c_1124197105.htm。
⑤ 《习近平参加内蒙古代表团审议》，新华网，2020年5月22日，http://www.xinhuanet.com/politics/2020lh/2020-05/22/c_1126021292.htm。
⑥ 《习近平参加内蒙古代表团审议》，新华网，2021年3月5日，http://www.xinhuanet.com/politics/2021-03/05/c_1127174574.htm。
⑦ 着力转变经济发展方式，着力抓好农牧业和牧区工作，着力保障和改善民生，着力搞好教育实践活动。

合"①下功夫，着力解决产业结构"四多四少"状况，探索出一条以生态优先、绿色发展为导向的高质量发展新路子。

把内蒙古建成我国北方重要的生态安全屏障是党中央立足全国发展大局确定的战略定位。习近平总书记对内蒙古工作的系列重要讲话，每次都突出强调内蒙古生态环境保护建设的重要性。2014年1月，习近平总书记在考察内蒙古重要讲话中指出，内蒙古大草原是首都北京以至整个华北地区的重要生态屏障，保护好这片大草原是一件具有重大战略意义的大事。2019年3月，习近平总书记参加十三届全国人大二次会议内蒙古代表团审议时强调，内蒙古要保持加强生态文明建设的战略定力，探索以生态优先、绿色发展为导向的高质量发展新路子。同时指出，把内蒙古建成我国北方重要生态安全屏障，是立足全国发展大局确立的战略定位，也是内蒙古必须自觉担负起的重大责任。2019年7月，习近平总书记在考察内蒙古重要讲话中指出，要坚持生态优先、绿色发展，在集中集聚集约上找出路，加强草原保护，强化土地沙化荒漠化防治工作，保护好生态环境，筑牢我国北方重要生态安全屏障。

2019年9月，习近平总书记在黄河流域生态保护和高质量发展座谈会上强调，要将黄河流域生态保护和高质量发展上升为重大国家战略。②这是内蒙古继西部大开发、东北振兴之后，又一次直接参与区

---

① 推动转方式同调整优化产业结构相结合，把转方式有效融入调结构之中；推动转方式同延长资源型产业链相结合，把转方式有效融入资源转化增值之中；推动转方式同创新驱动发展相结合，把转方式有效融入创新驱动发展之中；推动转方式同节能减排相结合，把转方式有效融入绿色循环低碳发展之中；推动转方式同全面深化改革开放相结合，把转方式有效融入改革开放之中。

② 习近平：《在黄河流域生态保护和高质量发展座谈会上的讲话》，求是，2019年9月18日。

域统筹协调的国家重大战略。黄河流经内蒙古843公里，贯穿中西部7个盟市，国土面积共计52万平方公里，占全区的44%。从生态功能看，沿黄地区拥有5个国家地质矿山公园、7个国家级自然保护区，河流蜿蜒、沙漠浩瀚、草原广布，是黄河流域重要的生态屏障。从发展贡献看，沿黄地区能源资源丰富，农牧业兴旺，工业基础坚实，集中了全区50%的人口，煤炭产量和发电量分别占全区的71%和65%，生产了23%的粮食、34%的肉和60%的牛奶，创造了69%的经济总量、75%的工业增加值和71%的财政收入，既是内蒙古经济主轴带和发展核心区，也是内蒙古建设国家重要的能源和战略资源基地、农畜产品生产基地的重要支撑。①

内蒙古横跨东北、华北、西北地区，在全国区域协调发展格局和全方位开放格局中具有独特的区位优势。创新驱动发展作为核心战略，既是内蒙古主动适应经济发展新常态的必然选择，也是推进持续发展、转型发展、协调发展、和谐发展的重大机遇。内蒙古要实现高质量发展，亟须在加快实施创新驱动发展战略的背景下，主动适应和引领经济发展新常态，大力建设内蒙古区域创新体系，成为国家创新体系的北方区域重要支柱。呼和浩特市是我国西部地区特色科技创新带的重要节点，其在2019年国家创新型城市创新能力排名中位列第50位②。同时，内蒙古是我国向北开放的前沿窗口和"一带一路"的重要支点，是京津冀地区和环渤海经济圈的重要腹地，是丝绸之路经济带的重要组成部分，也是我国唯一同时享受西部大开发和东北等老工业基地振兴优惠政策的地

---

① 数据来源于内蒙古自治区科技厅提供的"科技创新推动黄河流域生态保护和高质量发展工作汇报材料"（2019年11月19日）。
② 数据来源：《国家创新型城市创新能力评价报告2019》。

区。内蒙古现有18个对外开放口岸,其中,满洲里和二连浩特是我国面向俄罗斯和蒙古国的最大陆路口岸。呼包鄂榆城市群位于全国"两横三纵"城市化战略格局中包昆通道纵轴的北端,是"十三五"期间我国优化城镇化布局和形态着力重点打造的中西部城市群。此外,国家明确支持内蒙古加快基础设施建设,支持和林格尔国家级新区建设。

内蒙古是我国西北特色经济区的重要支点,区域主导产业优势显著、特色鲜明,已形成能源、有色金属、装备制造、农牧业、文化、旅游等地区主导产业和特色产业,是国家重要的能源、新型化工、有色金属生产加工和绿色农畜产品生产加工基地。内蒙古区域创新体系的建立要以与生态优先、绿色发展相适应的现代产业技术体系建设为依托,围绕产业链部署创新链,提升科技创新对产业发展的支撑能力。

二、发展机遇与挑战

目前,世界新一轮科技革命和产业变革同我国发展新常态下经济优化升级交汇融合,共同为新时代下内蒙古迈向科技创新引领经济高质量发展的新路子带来重要的发展机遇。

一是新科技革命和产业变革催生新技术经济范式。从演化经济学和创新经济学的理论与实践看,科技革命通过技术赋能全方位革新经济体系,经济发展所依赖的技术和产业体系及其运作机制发生根本性改变。历次科技革命及其驱动的产业变革均引发了不同领域科技产业的关键技术突破,以新技术带来新产品、形成新产业、创造新供给、引发新需求、发展新经济,并由此驱动国家和地区相关科技产业发展势能突破式跃迁,带来世界及区域发展格局的重塑。

新一轮科技革命以新一代信息技术、生物技术、新能源技术、新材料技术等为代表,绿色生态可持续发展是新科技革命的重要主题,跨领域、跨行业、跨学科群发式突破,多维度、多层次、多样化深度交叉融合是本轮科技革命和产业变革的显著特征,多学科交叉、多领域融合的会聚技术成为本轮科技革命和产业变革的重要方向,并从根本上改变技术路径、产品形态、产业模式,推动产业生态和经济格局的深刻调整。新一轮科技革命和产业变革是一场技术、管理、制度乃至观念的全面协同变革,将催生技术—经济范式的革命性变化,带来原有生产方式、生产关系、管理方式以及整个经济增长形态的变革,为我国及内蒙古转变经济发展方式、优化经济结构、转换增长动力提供重要的机会窗口。内蒙古应牢牢抓住这个机会窗口,锚定主导优势领域的科技创新及其产业化作为经济高质量发展的磁极,采取能够有效推动构建协同创新共同体、实现多维网络化协同创新的创新组织模式,促进创新参与主体的大众化、创新组织机构的开放化、创新行业领域的跨界化、创新链接机制的平台化、创新资金来源的多元化,加快创新要素集中集聚集约发展,形成有竞争力的增长极和创新经济集聚发展的新局面,引领带动区域经济和产业格局的深度调整。

> **专栏1　　发达国家综合规划科技产业概述**
>
> 近几年，全球新一轮的科技革命和产业革命为产业结构调整提供了重要的机会窗口。世界主要国家在谋划发展科技产业时，采用了科技与产业领域发展相结合，从基础研究、应用研发到市场解决方案整个链条集成创新的综合规划的做法。
>
> 例如，2014年美国能源部发布的《2014—2018年战略规划》和欧盟2018年升级的《战略能源技术规划》中，改变了过去依靠技术路线图从单个技术角度来规划，从系统的角度提出应对关键挑战的研究主题，并从整合能源科技与产业创新全价值链出发，提出了从科技创新到产业示范再到市场应用的一揽子研究与创新行动建议。

与此同时，挑战不容忽视，主要表现为国家之间科技竞争加剧。逆全球化现象中，对我国发展影响最为深远的是中美贸易摩擦。中美贸易争端反映的是美国对中国自主创新能力体系的构建、关键核心技术创新的突破和高端产业的国际竞争力提升等方面的担忧和遏制，中美之间的战略竞争正全面转向科技创新领域的竞争。中美贸易摩擦一定程度上让我国在新一轮科技革命和第四次工业革命背景下进行转型升级面临较为严峻的挑战，我国新一轮发展规划不可绕开这一严酷的现实。例如，新材料作为高新技术的基础和先导，同信息技术、生物技术一起成为21世纪最重要和最具发展潜力的领域。稀土、石墨烯等新材料技术研发和产业投资正在从少数大国关注走向全球布局的新格局，成为发达国家争相部署的战略性新兴方向，对于抢占未来产业制高点具有重大意义。2010年，美国联邦政府以45亿美元资助石墨烯研发；2011年，英国将石墨烯列为四大战略性新兴产业之一；2013年起欧盟将连续十年投入10亿欧元用于石墨烯研发，并将其上升到"旗舰项目"。内蒙古稀土储量占全国的83.7%，白云鄂博矿区是全球最大的稀土原材料供应基地；石墨探明储量达2亿多吨，占全国总量的近70%，其中稀缺大鳞片晶质石墨储量占比超过80%，均位居全国第一位。内蒙古拥有全国最大的综合性稀土科技研发机构，建有国家级的重点实验室和国家工程研究中心，要充分发挥稀土、石墨等区域资源优势及高新技术产业发展优势，集聚国内外相关领域创新资源，建立产学研用协同创新体系，开展关键核心技术攻关，取得原创性、颠覆性的突破，为国家重大需求提供原创技术和核心关键技术保障，提升我国在石墨烯、稀土等关键战略材料科技创新领域的全球竞争优势。

专栏2　　　　2018年世界主要大国科技竞争战略一览

2018年，大国间科技竞争态势更趋激烈，各国在基因编辑、量子、人工智能等颠覆性技术领域和信息、能源、先进制造等基础性科技领域均纷纷加强战略性和针对性布局，确保紧跟新科技革命浪潮、把握发展先机，以期形成非对称战略优势。

2018年各国不断强化科技战略布局，构筑竞争优势。2018年，美国在量子、人工智能、太空安全、进攻性网络安全和生物安全等领域密集发布了10余项国家级战略规划，尤其对军用量子技术和量子计算机研发更是启动专项规划，并投入数十亿美元巨资支持，力求在重点领域保持和扩大领先优势，巩固其科技"霸主"地位。

俄罗斯近年来不断出台一系列顶层规划，欲改变长期以来因经费不足导致的科研事业衰退境地。例如，2017年发布《2017—2019年俄罗斯联邦科技发展战略》后，2018年俄罗斯总统普京又签署了《2024年前俄联邦发展国家目标和战略任务》总统令，明确提出2024年前要确保科研投入增幅超过国内GDP增长，吸引更多国内外科学家留俄工作，并在重点科学领域跻身世界前五强。

日本注重对前沿科技的深刻把握，在《第五期科学技术基本计划》框架下，2018年发布2018—2019年度科技政策基本方针《综合创新战略》，提出推进大学改革，加强对人工智能、农业发展、能源环境等领域创新研究的支持，并强调将重点培养人工智能领域的青年人才。同时，日本在2018年还加强了航天领域的战略布局，发布多份政策文件，重点扶持商业航天，提出将积极发展空间科学与探索技术，并实现航天海外市场规模增长2倍的目标。

欧盟及其成员国也结合国情，根据自身发展需要和技术优势纷纷调整顶层战略。例如，欧盟更新了《第九研发框架计划》，对即将到来的新一轮数字革命提前布局；英国发布《数字宪章》，推动数字经济领域的技术创新；德国发布《高科技战略2025》，确定未来7年高科技创新重点领域，提出2025年前研发投入将占GDP的3.5%。2018年，英、法、德聚焦量子信息和人工智能领域发布国家战略、启动专项规划、落地产业项目等，成为当年欧洲科技政策的突出亮点。

（资料来源：http://aoc.ouc.edu.cn/92/8f/c9824a234127/page.htm）

二是国家加快布局实施创新驱动发展战略建设创新型国家。国家创新体系紧密结合国家区域发展战略,有效整合中央、地方科技资源,推动中央、地方科技联动,构建各具特色、优势互补的区域科技创新体系,形成适应市场经济体制和科技发展规律的国家创新体系基本框架。企业、大学和科研机构等各类创新主体间根据彼此差异性和互补性开展开放式互动合作,强调协作和分享,形成协同创新共同体。国家创新体系作为创新资源配置制度,可通过国家科技计划、技术创新引导工程等资助高风险科学研究、分担各类主体创新风险,激发创新活力,提升社会创造能力。区域科技创新体系布局方面,中央要求北京、上海、粤港澳大湾区打造成为具有全球影响力的科创中心,加快建设合肥、成都、南京、西安等一批区域创新中心,形成引领发展的原始创新策源地和国家创新高地,有力辐射带动京津冀、长三角、珠三角等区域的创新发展。同时,把北京、上海科技创新中心以及合肥综合性国家科学中心、雄安新区和国家实验室建设作为重要抓手,集聚世界一流科学家和顶尖创新创业人才,建设成为具有全球影响力的创新高地,辐射和带动我国区域创新能力的整体跃升。内蒙古要担负起党中央立足全国发展大局赋予的建设我国北方重要生态安全屏障的战略定位,大力发挥政府、市场两种力量,充分利用区内、区外两种资源,加快传统产业升级和新兴产业培育,打造创新驱动新旧动能转换的动力系统,成为国家创新体系的重要构成部分。同时,深度融入国家全方位开放战略,加强开放协作,持续推进国内外高端优势技术资源与内蒙古经济高质量发展需求的有效对接,促进新兴产业、传统产业与国内外发展环境、市场、格局的深度融合,立足本区、面向全国、放眼全球构建优势互补、协调共享的空间发展格局。

三是区域科技创新布局呈现加快加强发展态势。区域创新体系是国家创新体系的有机组成部分。同时，科技创新引领经济高质量发展的关键是提升区域创新体系的整体效益，创新系统化、区域一体化必然要求科技创新治理体系系统化。

长三角、珠三角地区均在科技创新引领高质量发展中加强加快了布局。2019年2月国务院印发《粤港澳大湾区发展规划纲要》，提出深入实施创新驱动发展战略，构建开放型融合发展的区域协同创新共同体，集聚国际创新资源，建设全球科技创新高地和新兴产业重要策源地。2019年12月国务院印发了《长江三角洲区域一体化发展规划纲要》，提出深入实施创新驱动发展战略，走"科创+产业"道路，促进创新链与产业链深度融合，为高质量一体化发展注入强劲动能。

江苏、河北、辽宁、浙江、山东、福建等省份陆续出台加快科技创新推动经济高质量发展的相关政策文件，为加快新旧动能转换提升区域经济发展水平提供指导。浙江省2018年出台了"科技新政50条"，提出重点打造两大科技创新高地，即以城市大脑为标志的"互联网+"科技创新高地、以创新药物研发与精准医疗为标志的生命健康科技创新高地。力争通过5年的努力，建成10个高能级创新平台，取得100项标志性科技成果，培育100家创新型领军企业，形成十联动创新创业生态圈，数字经济、生物医药等战略性新兴产业进入全球价值链中高端。河北省2018年出台了科技创新三年行动计划，提出以促进科技创新、制度创新"双轮驱动"为基本路径，围绕"双创双服"活动，瞄准科技创新短板，聚焦经济社会急需，突破体制机制障碍，全面提升河北创新能力和水平，着力构建以科技创新为核心，多领域互动、多要素联动的综合创新生态体系，着力推动创新发展、绿色发展、高质量发展。山东省 2019 年出台了《山东省人民政府关于健全科技创新市场导向制度的若干意见》，提出建立完善市场导向的科研项目管理体制机制，强化企业技术创新的主体地位，加快建设支撑产业创新发展的创新平台载体。

与其他省区相比，内蒙古创新发展水平仍有很大的提升空间，迫切需要加快推进建设区域科技创新体系，并加快出台综合性政策文件，把科技政策和产业政策整合为内在统一的创新政策，将制度优势转换为治理效能，协同推进科技与经济、教育、人才、社会、文化、生态等体制机制改革，全面提升劳动力、知识、技术、管理、资本、信息等要素的供给质量与效率，为促进科技创新与产业发展深度融合提供充分条件。

第三章 内蒙古科技创新引领经济高质量发展的总体思路、原则和目标

一、总体思路

坚持以习近平新时代中国特色社会主义思想为指导，深入贯彻落实习近平总书记关于扎实推进内蒙古经济高质量发展等重要讲话精神，协调推进"五位一体"总体布局和"四个全面"战略布局。全面结合党中央"把内蒙古建成我国北方重要的生态安全屏障"的战略定位，以建设生态安全屏障、构筑万里绿色长城为引领，坚定不移走以生态优先、绿色发展为导向的高质量发展新路子。牢牢把握党中央推进新一轮东北振兴、西部大开发、京津冀协同发展等重大战略机遇，牢牢把握党中央加大力度支持革命老区、民族地区、边疆地区、贫困地区加快发展等重大历史机遇，牢牢把握党中央支持资源型地区经济转型发展、加快边疆发展等重大政策机遇，发挥比较优势，拓展发展空间，激发潜力动能。坚持以市场需求导向为引领，以科技供给能力提升为核心，面向内蒙古生态屏障建设需求、现代产业体系建设需求、人民提升生活质量需求和区域全面发展需求，把科技供给侧结构性改革聚焦到补

短板和锻长板上来，优化已有科技创新要素配置，培育新型科技创新主体，建设科技研发基础平台和载体，搭建和扩展科技合作网络，充分利用自下而上的市场需求推动和自上而下的科技政策保障体系建设，协同推动经济高质量发展和生态环境高水平保护，推动经济结构调整、发展动能转换、质量效益提升，构建符合战略定位、体现内蒙古特色的现代化经济体系，打造国家北方特色区域科技创新中心。

围绕立足一个战略、依托四轮驱动、建设两大体系、提升四种能力的思路，加快推动内蒙古走上科技创新引领经济高质量发展的新路子。内蒙古科技创新引领经济高质量发展的总体思路如图3-1所示。

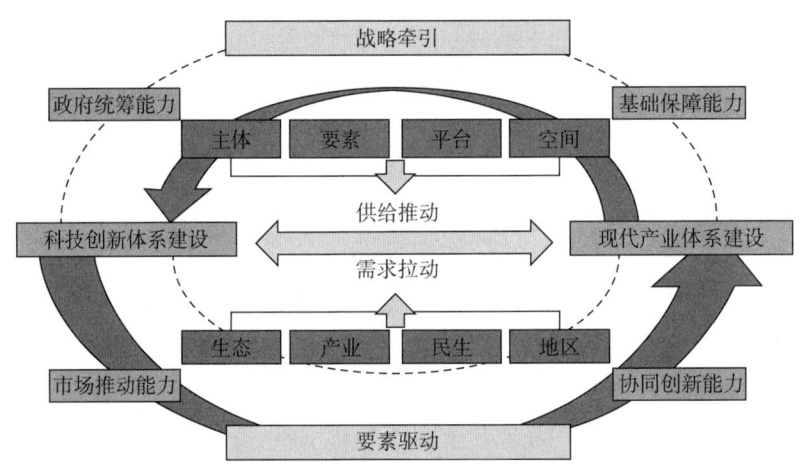

图3-1　内蒙古科技创新引领经济高质量发展总体思路

一个战略：打造国家北方特色区域科技创新中心，成为国家创新体系的北方区域重要支柱。

四轮驱动：需求拉动，供给推动，战略牵引，要素驱动。立足生态、产业、民生及地区对经济高质量发展的多元化需求，从科技创新主体培育、创新要素集聚、创新平台载体建设、创新空间打造和创新服务完善等方面加快加强布局，全面提升科技创新供给能力，实现供给推动和需求拉动的双向互动。充分发挥政府统筹作用，强化科技创新战略的顶层设计和总体布局，激活创新要素，推动新技术、新业态、新模式发展，加快形成内蒙古创新发展的新格局。

两大体系：科技创新体系建设，现代产业体系建设。科技创新体系建设是现代产业体系建设的基础和支撑，实现内蒙古经济高质量发展，要坚持"两手都要抓、两手都要硬"。构建新时代下多元创新主体协同合作的网络化科技创新体系，统筹利用自治区内外科技创新资源，完善创新链条，全面提升自治区基础研究、应用基础研究、成果转移转化和产业应用等创新链各环节的能力和水平，提高科技创新对内蒙古现代产业体系建设的引领作用，全面支撑内蒙古经济高质量发展。构建以资源带产业、以产业带技术、以技术带要素，价值链、产业链、创新链高度融合的现代产业技术体系，加快创新要素的集中、集聚、集约发展，推动单一线性的个体创新转变为多维网络化的集群创新，形成有竞争力的增长极以及创新经济集聚发展的新局面。

四种能力：政府统筹能力，市场推动能力，基础保障能力，协同创新能力。加强政府战略规划、政策制定和协调能力；提升传统产业替代升级能力和新兴产业技术创新能力；夯实科技创新投入和科研要素保障能力；完善自治区内外科技主体间协同创新能力，为科技创新与产业发展深度融合提供充分保障，协同推动经济高质量发展和生态环境高水平保护。

二、基本原则

（1）统一思想、提高认识。充分认识科技创新在内蒙古建立现代经济体系、实现经济高质量发展中的重要支撑作用，全面提升和持续深化全区各级政府对科技创新工作重要性的认识，将创新工作效率和效果纳入自治区、旗县和乡镇各级政府评价体系。

（2）顶层设计、统筹发展。完善自治区各级政府科技创新管理规划体系、组织体系和政策体系，形成三级联动的科技创新管理体系。统筹自治区科技、产业、教育、区域等部门的规划，推动技术、人才、资本、政策等创新要素优化组合，更好发挥各要素在内蒙古科技创新和产业发展中的作用。坚持科技创新和制度创新同步发力，营造创新驱动发展的良好氛围。综合发挥科技政策的引领作用、产业政策的引导作用和财税政策的支撑作用，构建支撑科技创新带动经济高质量发展的政策环境。

（3）市场配置、强化支撑。充分发挥市场在资源配置中的决定性作用，重视市场对技术研发方向、路线选择、要素价格、各类创新资源配置的导向作用。立足内蒙古现有资源优势、科技基础和区域特色，着眼市场需求和发展需要，调整重点研发项目布局、确定科技创新主攻方向、制定产业技术发展路线图。

（4）生态优先、绿色为本。正确处理生态文明与社会发展的关系，充分发挥科技创新在自治区生态保护中的示范、辐射和带动作用。注重科技创新与生态环境保护的结合，加快推动环境科技创新体制的改革，构建环境保护技术创新与产业化发展体系，搭建生态环保科技创新平台，统筹推进内蒙古生态技术研发和应用推广，辐射带动环保科技产业的培育和壮大，探索环境科技创新与环境政策管理创新协同联动，支撑引领美丽内蒙古建设，建设我国北方重要的生态安全屏障。

（5）重点突破、形成优势。挖掘内蒙古各盟市的比较优势，促进以"呼包鄂"为核心的西部地区协同发展、东部盟市合作发展、基础薄弱地区提速发展。强化产业链、创新链、资金链整合，着力培育打造一批特色鲜明、大中小企业协同发展的优势产业集群和特色产业链。充分发挥创新驱动的示范、辐射和带动作用，加快构建点面结合、优势互补、错位发展、协调共享的创新创业生态，形成呼包鄂和东中西协同发展的良好局面。

（6）依托特色、转型升级。传统资源型产业以推进供给侧结构性改革为主线，以提高经济增长质量和效益为中心，走高效、清洁、低碳、循环的绿色发展道路，把资源优势转化为市场优势、竞争优势，促进资源型城市经济社会转型和可持续发展。注重培育新产业、新业态、新商业模式，形成创新经济集聚发展新局面。坚持把加快高质量发展与转变发展方式、推进技术创新与调整产业结构结合起来，使技术研发、技术改造和技术进步成为传统产业改造升级、新兴产业稳步发展的重要驱动力。

（7）自主创新、开放合作。持续推进与国内外知名高等院校、科研机构和优势企业的科技合作，促进高端优势技术资源与内蒙古战略性新兴产业发展需求的有效对接，促进新兴产业与国内外发展环境、市场、格局的深度融合。探索产学研深度融合的有效模式和长效机制，推动民营企业与中央企业、高等院校、科研机构开展战略合作。鼓励高等院校和科研院所向民营企业转移转化科技成果，支持科研人员服务企业技术创新。

三、主要目标

根据中央关于建设创新型国家、建设世界科技强国的战略部署，立足于党中央对内蒙古经济社会发展的战略定位，确定内蒙古到2035年全面形成科技创新引领经济高质量发展格局的"两步走"战略目标。

第一步：到2025年，区域创新体系建设取得显著成效，经济综合实力和创新竞争力明显增强,全要素生产率明显提升,新旧动能转换成效显著,综合科技创新水平进入全国中等以上位置,创新型内蒙古基本建成,成为支撑经济社会发展的第一动力。

(1)科技创新投入水平和能力大幅提高。到2025年,各类创新主体对从原始创新到引进、消化、吸收和再创新各环节的研发投入力度明显增大,创新主体规模继续扩大,初步形成健全的企业产业技术研发创新布局和体制机制。在生态修复与治理技术、地方病防治、蒙中新药研发等制约经济社会发展的科技瓶颈领域取得重大突破,形成能推动地区经济效益、生态效益、社会效益相统一的前沿技术及优先发展方向,部分优势领域创新水平由跟跑向并跑、领跑跨越,综合技术效率明显提高,主要创新指标达到创新型地区水平。研究与试验发展(R&D)经费占地区生产总值比重达1.77%~2.23%,其中,财政科技支出占财政支出比重维持在1.07%以上,规模以上工业企业研发投入占主营业务收入比例达0.9%。万人R&D人员数达20人年以上。万人发明专利拥有量达3.3件以上。

(2)创新平台和创新主体实力进一步强化。新建成2~3个国家技术创新中心、1~2个国家工程研究中心、1~2个国家制造业创新中心,省级以上创新平台基本覆盖主要产业领域,各类创新平台实现数量增长、质量提升和结构优化;聚焦大规模储能、石墨烯、稀土、氢能、碳捕集封存、农牧业和畜牧业、生态环境等重点领域,布局2~3个国家级科技基础设施,争取2~3个国家重点科技专项,初步形成完善的全链条科技创新支撑体系。

(3)科技创新体系协同高效,创新环境明显改善。到2025年,基本形成适应创新驱动发展要求的体制机制,科技与经济融合更加顺畅,创新主体充满活力,创新链条有机衔接,创新治理更加科学,创新效率大幅提高。科技意识显著提高,科研物质条件、科研人员收入水平和科技服务支撑能力大幅提升。知识产权创造和保护机制更加健全,大众创业、万众创新蔚然成风,全社会基本形成尊重知识、崇尚创新、激励创业、宽容失败的价值导向和社会氛围。十万人累计孵化企业数达7.8个以上,有研究与试验发展(R&D)活动的企业占比超20%。

(4)科技支撑经济发展能力进一步增强。市场配置创新资源的决定性作用明显增强,技术市场交易条件不断完善,科技进步贡献率达到全国中上游水平。全区产业结构调整和经济提质升级,产业化水平和效益显著提高。现代能源、先进装备和现代农牧创新型产业集群实现转型升级,培育形成新材料、数字生态、蒙医药等有较强竞争力的创新型特色产业集群。高新技术产业与战略性新兴产业成为内蒙古经济新的增长点。现代化产业体系初步形成。高技术产业增加值占工业增加值比重达10.2%以上。科技服务业形成覆盖产业链条各环节的完善体系,知识密集型服务业增加值占地区生产总值比重达17.5%以上。新产品销售收入占主营业务收入比重达5.4%以上。

(5)科技支撑生态和社会发展能力稳步提升。以绿色发展为引领的生态产业技术创新体系基本形成,一批高效节能和先进环保关键技术取得突破,现代环保产业对区域生态发展支撑进一步加强,人民生活环境进一步改善(见表3-1)。

表3-1 内蒙古科技创新引领经济高质量发展的主要指标

一级指标	二级指标	内蒙古水平(2016年)	内蒙古排名(2016年)	预计2025年下限	预计2025年上限	预计2035年下限	预计2035年上限
科技支撑能力建设	R&D经费支出与GDP比值(%)	0.79	25	1.07	1.43	1.3	1.53

续表

一级指标	二级指标	内蒙古水平（2016年）	内蒙古排名（2016年）	预计2025年下限	预计2025年上限	预计2035年下限	预计2035年上限
科技支撑能力建设	企业R&D经费支出占主营业务收入比重（%）	0.63	21	0.9	1.5	2	3
	地方财政科技支出占地方财政支出比重（%）	0.72	29	1.2	2.2	2.2	4.2
	万人R&D人员数（人年）	15.86	17	20.1	29.7	30	40
	万人发明专利拥有量（件）	1.50	30	3.3	5.1	5.5	10
科技支撑产业发展	高技术产业增加值占工业增加值比重（%）	3.95	28	10.2	18.5	16	24
	战略性新兴产业增加值占工业增加值比重（%）	4.82	—	9.8	12.4	15.3	18
	知识密集型服务业增加值占生产总值比重（%）	9.70	29	17.5	25.5	30	40
	新产品销售收入占主营业务收入比重（%）	3.85	30	5.4	8.0	10	20
	十万人累计孵化企业数（个）	2.88	22	7.8	11.6	8	14
	有R&D活动的企业占比重（%）	9.66	26	18.4	27.6	25	35
科技支撑生态发展	草原植被覆盖度（%）	44	—	46	52	—	—
	森林覆盖率（%）	22.1%（2019）	—	23	24.2	—	—
	万元地区生产总值能耗下降	-4.06	22	-6.2	-7.0	—	—

资料来源：《中国区域科技创新评价报告2018》、内蒙古"十三五"科技创新规划（测算说明详见附录二）。

第二步：到 2035 年，创新作为第一动力作用得到充分发挥，优势领域科技创新从跟跑为主转变为并跑、领跑，主要产业进入全球价值链中高端，人民共享科技发展成果，生活水平得到稳步提升，建成北方重要生态安全屏障，人口、资源、经济、环境实现协调均衡发展，形成科技创新引领内蒙古经济高质量发展的总体格局。

（1）创新发展第一动力作用得到充分发挥。创新链、产业链、资金链紧密结合，互联网、物联网、大数据、人工智能同实体经济深度融合，科技创新平台建设加速推进，科技创新体系基本建立，科技进步贡献率明显提升，基本形成创新资源有保障、创新主体有活力、创新服务成体系的科技创新环境，初步形成以科技创新为主要引领和支撑的现代化经济体系，形成多元化特色产业的研发资助及人才培养体系，全社会创新活力竞相迸发、创新源泉不断涌流，基本形成适应社会经济发展的科技创新体系。

（2）特色产业科技创新引领行业发展。在稀土新材料、清洁能源、现代装备制造、石墨烯、大数据、畜牧业、蒙医药等领域形成新的创新优势，科技创新从跟跑为主转变为并跑、领跑，产出具有重要影响的原创成果。产业和生态实现可持续发展，不断创造新技术和新产品、新模式和新业态、新需求和新市场，科技支撑产业的就业体系基本形成。

（3）人口、经济、资源、环境协调均衡发展。重点区域和重点领域合作显著加强，产业联动发展的空间布局持续优化，呼包鄂一体化协同发展的带动作用充分发挥，城乡融合发展机制基本建立，全区整体竞争力显著提升，全区统一市场体系基本形成。

（4）我国北方重要生态安全屏障基本形成。生产体系、生活模式、生态环境的绿色化加快转型，绿色低碳循环经济规模壮大，集约节约、清洁低碳、智能便捷的先进运行机制和模式基本显现，人居环境优美、生态良性循环的北方重要生态安全屏障基本形成。

（5）北方特色区域科技创新中心协调发展局面基本形成。深度融入各大区域发展战略，成为京津冀一体化、长三角、粤港澳大湾区区域技术转移的北部承接地和桥头堡，黄河流域大开发的西部生态技术创新中心。以点带面，发挥呼包鄂城市群技术辐射作用，成为带动北部地区高质量发展的新动力源。对外科技创新合作交流格局初步形成，中蒙俄经济走廊建设进程明显加快，开放型经济发展取得重大突破，口岸经济迈向中高端水平，跨区域、跨行业、跨领域的科技服务网络更加完善，对外贸易结构明显优化，实现合作共赢。

（6）践行各族人民群众共享改革发展成果的宗旨。优质公共服务供给普遍增加，农牧民生产生活条件显著改善，不同群体收入差距大幅度缩小，科研基础设施、科学仪器对全社会开放共享，城乡居民可支配收入比明显缩小，社会公平性、发展普惠性、增长包容性明显提升，群众获得感、幸福感、安全感显著增强。

第四章　内蒙古科技创新引领经济高质量发展的主要领域

实现科技创新引领经济高质量发展，需要从产业、生态、民生、区域四大领域加快进行创新发展布局。首先，产业是经济高质量发展的核心和基础，产业结构的优劣、产业动力的持续与否是决定地区经济发展水平和质量的第一指标。内蒙古产业发展要把更多精力投入打基础、利长远的工作上，着力转变发展方式、调整经济结构、转换发展动能，推动经济发展质量变革、效率变革、动力变革。重点依托本地优势产业和战略性新兴产业基础，培育四大创新型产业集群和一批产业创新生态，打造现代能源创新型产业集群、先进材料创新型产业集群、现代装备创新型产业集群、现代农牧创新型产业集群，以及数字技术产业创新生态、数字应用生态、蒙医药产业创新生态。其次，生态安全是经济发展的必要前提。内蒙古是我国北方重要生态安全屏障，是祖国北疆安全稳定屏障，要立足本区联动全国创新力量，加强科技生态环境保护研究，建设国家北方绿色生态创新中心，培育壮大绿色生态产业。再次，增进民生福祉是经济发展的根本目的，要充分利用数字化技术，加强与健康医疗和旅游产业结合，提升数字民生水平，让数字经济成果普惠于民的同时，推动智慧康养和智慧旅游产业的发展。最后，立足于区域分工，形成有竞争力的区域增长极。依托自治区各地优势，打造两大创新型产业集群发展区、N 个产业创新生态、两大生态和民生经济发展区，形成特色鲜明、错位互补、协调发展的区域经济发展体系，形成东中西部优势互补、差异化协调发展的新格局。

一、依托优势产业和战略性新兴产业基础，打造创新型产业集群

（一）依托产业优势，打造四大创新型产业集群

1. 现代能源创新型产业集群

加强现代能源产业技术创新，实施传统产业转型升级行动计划，通过技术创新提升能源产业附加值，打造现代能源创新型产业集群。

科学开发煤炭、煤层气、常规油气、页岩油气、太阳能、风能等多种能源资源，切实将能源资源开发对生态环境的影响降到最低。多元发展煤基产业，鼓励煤炭清洁加工、分级分质利用，提高煤炭集中利用水平，稳步推进现代煤化工清洁转化；充分发挥本地褐煤资源优势，绿色发展褐煤发电技术；积极发展高效、环保的煤基发电技术；推进传统煤化工的改造升级以及现代煤化工的产业延伸，大力推广改性甲醇技术项目，进一步优化能源结构；发展信息化、自动化、高效能的智能电网技术，构建安全高效智能电网，科学布局建设调峰蓄能工程，推动"源网荷储"协同发展；突破太阳能高效利用和光伏设备清洁生产的核心技术、推进风能综合利用技术研发及应用示范；构建智慧能源体系，推动物联网与分布式能源技术、先进电网技术、储能技术深度融合。同时，发展壮大能源配套产业，优化高载能产业用能

结构和方式，做大能源生产性服务业，推进能源物流园区、"互联网＋"能源物流服务平台建设，创新能源金融服务、发展能源科技信息服务业，做大做强现代能源创新型产业集群。

大力培育大规模储能、氢能、二氧化碳捕集利用与封存等能源新兴业态。紧跟大规模新型压缩空气储能、化学储电、锂离子电池、飞轮储能、高温超磁储能等先进技术和关键材料发展趋势，建设储能产业园区，建成不同技术类型、不同应用场景的储能试点示范项目，促进储能技术和产业发展。抢抓氢能产业进入市场化临界点的战略性机遇，依托内蒙古能源制氢优势，引进掌握核心技术的企业开展试点试验，加快氢气制取、存储、运输、应用一体化发展。优先利用焦炉煤气制氢，积极推进利用低谷时期富余风电制氢，示范应用新一代煤催化气化制氢，适度超前、科学规划建设加氢设施，加快在公共交通、物流、采矿等领域推广氢燃料电池汽车。加快在火电、煤化工、水泥、钢铁行业开展碳捕集试验示范项目，在地质条件合适的地区开展封存试验项目，推进二氧化碳捕集、驱油驱气、封存一体化，研究推动以二氧化碳为原料制取高附加值的化学品，探索将二氧化碳固态化存储等技术路线，并在技术成熟的基础上率先开展试验示范。

依靠自治区优势资源，以煤炭开采、现代煤化工、新能源为重点，以产业为主线，通过产业链布局创新链。推动建立能源产学研创新联盟，建立区域科技创新交流机制，共享能源科技创新资源，完善能源科技创新生态。积极引进国内能源相关机构、企业到内蒙古设立创新孵化基地，开展能源创新技术生产性试验示范，加速实现新技术向规模生产转化。增强科技创新供给能力，联合企业、高校和科研院所等创新主体，搭建一批有实力的能源技术创新平台，创建国家现代能源经济示范区。组建内蒙古石油天然气开发大型企业，探索建立地方分享油气资源开发收益新机制。依托能源行业龙头企业，以企业应用为导向，以产业链为延伸，联合高校和科研院所共建能源技术创新平台，突破能源消纳、能源高效转化、资源集约利用、储能储热等行业共性技术和产业链衔接中的关键技术。

2. 先进材料创新型产业集群

以稀土、石墨烯、硅材料以及有色、先进高分子材料和基础材料等先进材料为重点，打造先进材料创新型产业集群。

一是围绕白云鄂博稀土资源研究与综合利用国家重点实验室，打造稀土创新型产业集群。重点支持包头创建国家稀土技术创新中心，围绕稀土冶炼、金属合金和稀土功能材料等重点方面，开展关键核心技术攻关，为国家重大需求提供原创技术和核心关键技术保障，形成领先的稀土产业创新优势。持续推进稀土永磁材料、储氢材料、抛光材料、发光材料等功能材料方面的研发和生产，进一步完善采选、冶炼分离、深加工、新材料以及稀土应用产品的稀土产业体系和产业集群。实施"稀土+"创新战略，打造国家级稀土科技创新融合平台。依托北方稀土公司、包头稀土研究院、中科院包头稀土研究中心、包头稀土产业园等，强化稀土+有色金属、稀土+环保、稀土+军事等领域的应用研究，打通产业上下游协同创新链条，建成"国家新材料生产应用示范平台"。

二是以石墨烯和硅材料为重点，组建石墨（烯）新材料制造创新中心，积极开展前沿技术攻关，发展新材料产业创新集群，打造中国"北方现代材料产业科技创新中心"。研发突破少层低成本石墨烯粉体、核石墨、电池负极材料、柔性石墨、高导热石墨等生产及应用技术，加快在石墨烯制备、储能材料、导热材料、导电材料、合金材料、复合材料、涂料及储能、核能等领域产业化应用。保护性开发和利用石墨资源。积极参与国际国内石墨（烯）新材料储能、导电、导热、涂料等领域关键技术攻关，做大石墨电极等碳基材料生产规模，推动石墨（烯）新材料产业化发展。

三是依托钢铁、有色金属资源和产业基础，发展先进材料创新型产业集群，重点发展先进钢铁材料、先进有色金属材料、先进化工材料、先进无机非金属材料，推进先进材料融入高端制造供应链。大力发展先进材料特色产业园区，重点发展基础零部件用钢、高强铝合金、高强韧钛合金、镁合金、先进建筑材料、先进轻纺材料等，推动先进材料产业链延伸和关联产业耦合，推动传统冶金、化工等原材料产业实现转型升级。以有色金属为重点，培育建设符合内蒙古特色的先进材料创新研究院，打造中国"北方先进材料产业科技创新中心"。推进煤中无机矿物材料化利用，发展储能材料、高端智能建材、高端陶瓷材料、玄武岩纤维等产业。促进化工产业横向耦合、纵向延伸，推进钢铁、铝、有色、建材等行业绿色改造升级，推进电解铝液交流电耗、电石、铁合金综合能耗继续保持下降，培育形成"煤—化""煤—电—铝—铝后加工""电石—氯碱化工—精细化工""煤—电—冶"等循环产业链。大力发展铝、镁、铜、铅、锌精深加工，发展支撑战略性新兴产业的关键材料，形成若干布局合理、特色鲜明、产业聚集的先进材料创新型产业集群，把内蒙古建成全国重要的先进基础材料基地。

3. 现代装备创新型产业集群

加强现代装备产业技术创新，以服务型制造为抓手推动先进装备制造业和服务业深度融合，打造呼包鄂等先进装备创新型产业集群。发展智能化、多功能农牧联合型机械、节水灌溉机械等先进农牧业机械；加强高强度材料焊接工艺技术研究，创新升级石化及煤矿机械；突破高承载模块化车辆底盘构建等技术，实现安全应急装备的创新和升级；推进轨道交通装备的智能化、信息化和全球化建设；把握汽车与新一代信息技术、能源技术和材料技术的交叉融合特征，顺应电动化、智能化、网联化、共享化趋势，加快突破零部件设计技术、自动化监测与控制技术等核心技术，推动汽车产业转型；加快风电机组仿真试验平台等为主的新能源装备技术升级；推动煤化工成套设备、发电及输变电设备、工程机械等先进装备业的技术升级和突破。优化生产组织形式、运营管理方式和商业发展模式，增加服务要素在投入和产出中的比重，实现从以加工组装为主向"制造+服务"转型，从单纯出售产品向出售"产品+服务"转变，推动先进装备制造业实现转型升级。鼓励引导先进装备制造企业实施全生命周期管理（PLM），实现平台化运营的突破和转变。

专栏3　制造业和服务业深度融合典型业态——全生命周期管理

引导制造业企业实施产品全生命周期管理，系统管理从需求分析到淘汰报废或回收再处置的产品全部生命历程，着力统筹优化产品服务。产品全生命周期管理是帮助企业实现差异化的重要形式。一方面，全生命周期管理减少了中间环节，使得售后服务透明化、精准化、专业化，降低了产品的维护成本，提高了用户的使用体验；另一方面，全生命周期管理不仅形成了新的利润增长点，而且构建了大数据的通道，为制造产品设计、智能制造、经营决策提供支撑。典型的工程机械、汽车等行业近年来与服务业的深度融合都比较适合全生命周期管理模式，其不仅为工程机械业主方提供实时查询、工况监管、供需发布等增值服务，而且还构建了工程机械大数据库，为行业管理、统计分析、企业经营决策提供数据参考。

实施装备制造强基工程，推动整机企业和基础零部件企业协同创新，加大智能制造、绿色制造、强基工程的支持力度。围绕传统制造设计、生产等环节，重点研发新型传感技术、先进控制与优化技术等关键共性技术，建立健全智能制造技术创新体系。围绕重型及专用车辆、轨道交通装备、通用航空、工程机械、煤炭石油综采装备、高端畜牧装备等重点领域，支持首台（套）、首批次重大装备自主研发，针对关键技术和产品创新需求组织重点突破。鼓励装备制造产业和服务业深度融合，引导企业发展供应链管理专业化、网络化协同制造、推广定制化服务、研发设计引领模式、系统解决方案和信息增值服务，实现装备制造业数字化和服务化转型发展。积极推进工业互联网发展，大力推动物联网建设，加强数据分析和数据挖掘技术研发，提升动态感知、辅助决策、智能配送等生产服务能力。鼓励大中型传统装备制造企业通过资产联营、兼并、收购、参股、控股等方式，快速吸收和引进国外先进的智能制造技术、智能装备及全新制造模式，提升国际竞争力。

依托特种车辆及其传动系统智能制造国家重点实验室，加强特种车辆及其传动系统智能制造应用基础和关键共性技术研究，打造特种车辆装备产业创新生态。依托装备制造业基础，建立先进装备制造业和服务业深度融合平台，将制造业和服务业融合的关键共性技术、基础数据库、应用创新、运营管理、需求创新、模式创新等统一融合。鼓励全区先进装备龙头企业通过整合产业链资源，搭建行业平台，引领带动大中小微企业协同发展，打造内蒙古特色、具有全国影响力的先进装备制造业和服务业融合发展典范。

4. 现代农牧创新型产业集群

推动农业（马铃薯、饲草料、玉米加工业等）和现代畜牧业（乳品、肉类、羊绒等）两大板块产业创新型和集群化发展。加快现代生物育种技术体系建议，创新农作物耕作栽培管理技术，推进农牧业种子工程，组织实施马铃薯、玉米、大豆、葵花、小麦和畜禽良种联合攻关，加快选育和推广优质草种；开展畜禽育种关键技术研究、提高畜禽养殖技术含量等；推动干旱冷凉地区和林区发展旱作绿色有机农业和高效设施农业；加强野生牧草种质资源评价与利用、建设优质牧草种子繁育体系等；开展林业生态建设支撑技术研究、林木长期育种工程等；开发大中水域渔业综合养殖技术、发展沿黄滞洪区大宗淡水鱼类放牧式养殖技术、集成低洼盐碱地池塘养鱼技术等；开展特色野生资源开发，强化特色种养业关键技术研究等地方特色种养技术。

大力发展生态绿色、高效安全的现代农业技术，确保粮食安全和食品安全，突破一批农畜产品精深加工核心技术，在乳、肉、粮、油等地方特色资源加工领域形成核心技术体系。实施奶业振兴行动，建设绿色优质奶源基地，推进奶牛良种繁育体系和高产优质苜蓿示范基地建设，加快乳制品和奶粉加工工艺和产品创新步伐。加快推进农畜产品加工企业的设备更新和技术升级，稳定保持乳品、肉类、羊绒深加工生产装备与工艺技术的国内领先水平，加快形成粮油、薯果蔬、饲草料、健康保健产品产业加工技术体系等。

一是以省部共建的国家重点实验室——草原家畜生殖调控与繁育国家重点实验室为依托，围绕国家现代畜牧业发展需求，以草原家畜繁育重大共性科学问题和关键技术为突破口，聚焦草原家畜生殖调控、草原家畜遗传繁育和家畜遗传与环境互作等研究方向开展基础和应用基础研究。二是依托乳业重点企业，打造立足国内、辐射全球的世界级乳业创新研发中心。三是围绕农牧加工业全产业链，整合自治区内科研力量，加强农牧业源头技术、关键共性技术、加工技术和生态环保技术创新，建设内蒙古现代农牧业技术创新体系，打造中国"北方农牧业科技创新中心"。四是着眼于中长期发展的重大科技创新方向，围绕农作物和动物育种、动植物优良种质资源生物基因图谱、兽药和疫苗、转基因克隆奶牛、肉牛、肉羊研究等源头性、关键共性技术设立重大科技专项，整合自治区农牧业科学研究院、自治区生物技术研究院、内蒙古大学等科研力量，建立基础性研发平台组织联合攻关。

（二）围绕战略性新兴产业，培育产业创新生态

1. 围绕新一代信息技术，培育以算力为中心的数字技术产业创新生态

发展技术先进、有自治区特色的云计算产业，积极推进和林格尔超算中心建设。鼓励开展云计算、雾计算应用，打造呼包鄂、乌兰察布、赤峰大型数据中心基地，加快建设国家政务云北方节点、北斗内蒙古分中心。降低能耗水平，打造绿色数据中心，提供应用承载、数据存储、容灾备份等算力和存储服务，努力将自治区建设成为支撑大数据、人工智能发展的世界级算力中心。依托国内顶级云计算数据中心和大数据资源，推进云计算重大设备、核心软件研发与应用，提高相关软硬件产品研发及产业化水平。推进虚拟数据中心服务、云存储服务、分布式数据处理服务，建设国内一流的云服务基地。围绕大数据采集、传输、存储、管理、处理、分析、应用、可视化和安全等关键技术加大支持力度，促进大数据关键技术产品产业化。开展大数据关键技术、解决方案研究，推进大数据分析、理解、预测及决策支持与知识服务等智能数据应用和技术创新。建设呼和浩特国家级大数据产业发展核心区，以及鄂尔多斯、包头、乌兰察布、赤峰等自治区级大数据产业发展集聚区。争取国家一体化大数据中心北方分中心落户内蒙古，引

进国家部委、电信运营企业、大型互联网企业、金融机构数据中心。

构建高速、移动、安全、泛在的信息通信网络设施。开发基于 5G 的移动互联网和物联网装备、器件和技术，推动呼和浩特成为国家级互联网骨干直联点，加快和林格尔新区国际互联网数据专用通道建设，实施"呼包鄂"光缆传输、"乌兰察布至北京"光缆传输建设工程，推广应用 5G 和 IPv6 等新一代信息技术。建设新型智慧城市。依托"城市大脑"构建覆盖城乡的智能化激励体系，强化数字技术在城市规划、建设、治理和服务等领域的应用。加快传感器技术、地理空间信息技术、卫星定位与导航技术、新一代信息网络技术在智慧城市建设中的应用。建设先进的智能终端产业集群，加强区域产业集群的协同效应。推动金融电子、远程医疗、信息通信等相关可穿戴设备和智能终端信息制造业及服务业发展。

2. 围绕农牧、能源和装备行业，培育内蒙古特色的数字应用生态

以数字技术赋能内蒙古农牧、能源和装备制造业等产业，引导企业应用推广人工智能、大数据、云计算、区块链等数字技术应用，不断催生模式与业态创新，打造智慧农牧、智慧能源、智能制造等应用标杆。推动数字技术与农牧业深度融合应用，以乳、肉、羊绒、马铃薯、蔬菜、粮油、草业等行业为重点，大力推动大数据在农牧业生产管理、产品追溯和市场营销中的应用。运用地面观测、物联网、遥感和地理信息技术等，加强对农情、牲畜、植保、耕肥、农药、饲料、疫苗、农机作业、农畜产品价格等实时监测与分析。建设自治区农牧业大数据交换共享平台，实施农牧业资源、环境、产品、价格信息精准监测，提高农牧业生产管理、指挥调度能力，推动农牧业生产智能化。推动数字技术与能源经济深度融合，鼓励建设智能风电场、智能光伏电站等设施及智慧运行大数据平台，实现可再生能源的智能化生产。鼓励煤、油、气开采、加工及利用的全链条智能化改造,实现化石能源绿色、清洁和高效生产。推动数字技术与工业转型升级深度融合,以新型化工、绿色农畜产品加工、有色金属生产加工等特色优势行业为重点,加快工业传感器、射频识别(RFID)、光通信器件等数据采集设备的部署和应用,推动工业控制系统的改造升级,汇聚传感、控制、管理、运营等多源数据,培育一批行业云平台,提升产品、装备、企业的数字化、网络化和智能化水平。

3. 依托蒙医药重点实验室,培育蒙医药产业创新生态

积极推进内蒙古民族大学蒙医药重点实验室升级为省部共建国家重点实验室,构建蒙中医药科技创新平台,加强医药领域政产学研用的协同创新体系。加强原研药、首仿药、蒙药、中药、新型制剂、高端医疗器械等创新能力建设,支持高校、企业及科研机构开展蒙药现代化关键技术研究与产业化、蒙医药标准化研究、蒙药资源保护与利用、蒙中药研发及蒙药大品种二次开发等研究,扶持建设一批技术研发、产业化、安全评价、临床评价等公共服务平台。鼓励相关学科高水平研究机构与创新平台参与蒙医药科技创新,发挥内蒙古蒙医蒙药产业技术创新战略联盟作用,完善由多学科参与的蒙医药防治慢病和传染病临床研究体系等协作网络,建设国际一流的蒙医药临床研究基地、科研基地、人才培养基地、科技成果转化基地和国际合作基地。整合各类科技资源和数据信息,推进大型科学仪器设备、科技文献、科学数据等蒙医药科技基础条件平台建设,建立健全开放共享的运行服务管理模式。改造升级蒙药中医药生产线,开发蒙药配方剂和中药配方颗粒,加快蒙中医药产业化进程;健全蒙中医药临床诊疗、传统疗术技术操作和疗效评价、蒙药材、蒙药炮制规范标准,完善蒙中医药标准体系。大力发展"互联网+

蒙医药",深化互联网与蒙医药各领域的融合发展,促进蒙医药产业结构调整与提质增效。

二、依托科技和产业支撑,建设国家北方绿色生态创新中心

(一)立足本区联动全国创新力量,强化生态环境保护研究

内蒙古是我国北方面积最大、种类最全的生态功能区,推进生态文明建设,归根结底要依靠科技创新的驱动和引领。以建设"我国北方重要的生态安全屏障""在祖国北疆构筑起万里绿色长城"为引领,把生态环境保护建设作为重大政治责任,全面提升生态综合治理建设与生态保护可持续利用的长效科技支撑能力,构建生态建设与经济效益双赢的适用技术体系,实现绿色生态体系中水、气、牧草、沙土等资源的合理布局,提升生态系统质量和稳定性。积极推动水、大气、土壤三大"环保战役"以及环境监测、环境监察等重要工作的科技研究;加快退化草原生态系统的恢复重建,突破草原生态系统生物多样性恢复技术,草地休牧轮牧与人工促进改良技术,重度退化草地退化植被人工重建恢复技术,草原蝗灾、鼠害治理与生态预警技术,草地牧草与放牧家畜耦合、互作技术等;突破沙地保护、风沙入黄防治、林下资源开发利用等关键技术,加快沙地生态系统和天然林区退化生态系统的恢复重建。

积极争取落地国家级的北方生态创新中心,加强北方生态屏障保障功能提升理论和技术研究,形成理论和技术优势,着眼于整体和系统解决区域生态环境问题,汇聚联动全国的科研资源和创新力量,依托全区国家级的生态修复研究站、试验站、示范站、高校、研究院所等科技资源,建立一套包括空气质量、水环境质量、土壤环境质量、

生态保护修复等全面系统的、长周期的生态保护创新研究体系，扎实推进大气、水体、土壤污染防治以及生态修复等重点领域的科学研究和技术攻关，突破一批关键技术，掌握重点领域环境污染机理和调控机制。积极培育黄河流域相关盟市生态环保领域的重点实验室，建立沙产业、黄河流域生态保护与绿色协调发展等新型研发机构，攻克转化一批黄河流域生态保护与生态产业前沿技术，全面提升科技支撑水平，充分发挥科技创新力量，努力把内蒙古建成我国北方重要的生态安全屏障和国家北方生态创新中心。推广库布其生态治理模式，加快推进鄂尔多斯市创建国家可持续发展议程创新示范区，持续开展荒漠化防治、草原森林生态系统保护、污染防治等领域关键共性技术攻关，向"一带一路"沿线国家和地区及国际社会提供荒漠化治理中国经验，落实《联合国2030年可持续发展议程》。

应用大数据、人工智能等新一代信息技术，建立全区生态环境数字化平台，进行资源与生态要素数据化集成与分析，形成闭环反馈。围绕全区森林、草原、沙漠、沙地、湖泊、湿地等生态类型，按照立地条件一致性划分为若干类型区，探索数字模拟和修复，建立不同类型区生态保护与资源可持续高效利用技术规范体系；建设若干园区基地，开展荒漠化防治产业化科技创新示范。围绕生态修复、水生态环境、水土保持、生态产业，形成一系列经济、稳定、可复制的区域数字生态保护与修复发展模式。

（二）以科技创新为战略基点，加快绿色生态产业的培育壮大

紧紧围绕生态环保重大决策，以科技创新为战略基点，搭建自治区绿色生态产业技术创新体系，推动绿色生态产业的培育壮大，将绿色发展理念渗透到各行各业，为生态文明建设提供重要支撑。深化落实"五个结合、五个融入"要求，以产业生态化、生态产业化引领经济结构战略性调整，加快改变产业"四多四少"状况。突破一批高效节能和先进环保关键技术，突破工业领域"三废"（废气、废水、废渣）的减量化、资源化和无害化技术开发与应用，突出废矿尾矿处理、电解铝烟气处理、煤化工高盐废水处理、城镇污水处理、农作物秸秆综合利用、畜禽粪便处理利用等领域关键技术研发；发展先进环保和高效节能产业，大力发展燃煤电厂脱硫、脱硝、除尘及超低排放技术和装备，以及钢铁、有色金属冶炼企业的烟气脱硫技术装备，着力加强钢铁、有色金属、电力、煤化工、氯碱化工、建材等重点行业节能技术装备研发和重点示范工程建设，支持太阳能集热系统、地源热泵等新产品应用；调整提高资源型产业准入门槛，推进资源型产业延链补链，提高资源综合利用率和产品精深加工度，促进资源转化增值；支持大宗工业固体废物综合利用，推广煤矸石生产超细纤维、高档保温隔热材料等新技术的应用，加大资源循环利用，协同推动经济高质量发展和生态环境高水平保护，坚定不移走以生态优先、绿色发展为导向的高质量发展新路子。

围绕生态技术产业创新能力，结合国际技术发展趋势和自治区绿色生态产业资源优势与技术需求，短期推出以政府为主导的技术创新体系，完善法律法规和标准体系，实现环境监测的集中管理，配合信息技术和大数据体系，实施排污许可制度，以环境税或排污交易保障治理资金等专项资金投入推动技术创新；中期推出以技术创新平台为主导的产业技术创新体系，加速技术与企业的结合，降低技术交易成本，通过政府在初期给予的包容性的创新政策、资本和服务等要素的支撑，打造一批自治区创新服务平台和生产研发平台；长期推出一批以市场为主导的平台型技术创新企业，对细分技术领域的领先企业和国际先进技术进行并购整合，结合人口和区位优势，从环境治理、生态修复到生态建设和创造，推动平台型企业进入"生态建设和创造"领域，更加关注现代绿色生态产业的前期规划与后期运营的技术衔接。

三、依托健康医疗和旅游产业，大力发展民生经济

（一）培育发展新型健康医疗服务，壮大智慧康养产业

发展新型健康医疗服务模式，以移动互联网、云计算、大数据等新一代信息和网络技术为支撑，推动信息技术与医疗健康服务融合创新，以数字化、网络化和协同化为方向，突破网络协同、分布式支持系统等关键技术，建立多学科协同的集成式疾病诊疗服务模式和健康闭环管理模式。科学应对人口老龄化，推动养老服务模式创新，以智能服务、个性化服务为方向，研究养老服务科技解决方案。开发数字化健康及医疗管理、远程医疗技术，推进预防、医疗、康复、保健等服务网络化、定制化，构建医养康复一体化的普惠型健康保障体系，有力支撑健康中国建设。利用大数据等信息化手段，构建健康大数据平台，加强健康管理和慢病管理防控。加强健康医疗大数据应用体系建设，推进基于区域人口健康信息平台的医疗健康大数据开放共享、深度挖掘和广泛应用。依托呼和浩特现代智慧健康谷，打造以乳业产业为核心，数字化为主要路径，环境生态突出，生活宜居适度的产城旅一体化健康项目，打造成内蒙古大健康产业示范区。

积极促进健康与养老、旅游、互联网、健身休闲、食品融合，催

生健康新产业、新业态、新模式。依托全区自然生态资源禀赋，以休闲养生、休闲观光、生态农场为重点，大力发展康养旅游度假模式。面向京津等周边区域广阔的旅游市场，依托本地自然环境与交通辐射能力，合作引进大型健康机构，提升全区医疗健康服务水平，构建优质的医疗健康服务体系，服务当地及所辐射的特定医疗服务受众或老龄人群，以医疗健康服务和养老产业为核心，配套专业的医疗健康（医疗、康复、护理和养老），建立长期的医疗健康服务及养老运营能力。发挥蒙医等特色生物医药优势，联合大学科研资源，打造科技含量高的健康科技项目，提升本地智慧康养的科技含量，打造医疗科技产业新亮点。发展康养旅游，将健康养生与旅游业融合发展，以"康养+旅游+X"模式探索新业态和模式。

（二）立足生态特色，利用数字化推进智慧旅游发展

以"科技智慧数字化"为核心，发展智慧旅游。完善景区通信基础设施，强化旅游大数据支撑。支持重点景区智能化升级，建设智慧文旅小镇、智慧博物馆，提升"吃住行游购娱"服务能力。发展在线导游、导览、导购、交通导引、客流管理等网络旅游服务。完善数据平台监控，动态掌握游客画像、关注点、迁徙情况等，对客流、车流动向进行监控预判。通过关键词等相关的旅游大数据分析，进行线上精准营销，并对营销效果进行监控，进一步引导优化产品投放和配置。通过大数据捕捉游客的浏览痕迹，为游客制定个性化的旅游服务。系统开发旅游公共服务平台、电子票务一卡通平台、旅游电子商务平台、智慧安防及紧急救援系统、智慧讲解系统等多系统平台，完善智慧管理服务，打造旅游体验智能化。

以"生态优先特色发展"为核心,做大做强生态旅游产业。开发全域旅游、四季旅游产品,打造国家级沙漠公园和草原,发展特色旅游项目,发展林沙草产业和健康养生、休闲度假等服务业,发展寒地冰雪经济。完善旅游交通体系和配套设施,发挥旅游带动系数大的优势,培育一批自治区级生态旅游协作区,建设一批重点生态旅游目的地,开发集草原、森林、湖泊、大漠及文化体验、民族民俗、健康养生、工业观光、休闲农业为一体的精品旅游品牌和线路,形成点线面相结合、适应多样化需求的生态旅游格局,打造内蒙古文化和旅游发展新样本。加强对外宣传和人文往来,建立跨境旅游综合安全保障机制,深化与"一带一路"沿线国家和地区文化旅游合作,发展民生经济,为自治区人民带来切实利益。

四、依托地区特色优势,打造创新发展增长极

依托地区特色优势,遵循"2+N+2"的思路,对产业、生态、科技、创新、民生经济等进行布局,即打造 2 大创新型产业集群发展区、N 个产业创新生态、2 大生态和民生经济发展区。

(一)在呼包鄂乌和通辽赤峰区域重点布局现代能源、先进材料、现代装备和现代农牧创新型产业集群

呼包鄂乌范围主要包括呼和浩特、包头、鄂尔多斯、乌兰察布和包括二连浩特在内的锡林郭勒盟西南部七旗县市。重点发展现代能源、先进材料、现代装备和现代农牧四大创新型产业集群,打造成为自治区产业集群的主战场,建成自治区现代化经济体系集中承载地和高质

量发展的重要引擎。推进呼和浩特市建设成为全球重要的硅材料产业集群、包头建设成为我国西北重要的装备制造产业集群和全国最大的稀土新材料产业基地,鄂尔多斯、锡林郭勒建设成为全国最大的现代化煤电基地,鄂尔多斯和包头建设成为我国重要的现代煤化工基地。转型升级发展区范围包括赤峰市和通辽市。赤峰市和通辽市两地有色金属、煤炭等矿产资源丰富,产业发展的资源依赖性特征突出,重点推动能源冶金、农畜产品加工等主导产业集群化和转型发展,推动通辽市成为我国"煤—电—铝—铝后加工"循环经济示范基地,推动赤峰建设成为中国西北最大的铜冶炼加工基地,推动乌兰察布建设成为我国最大的锂离子电池负极材料生产基地,巴彦淖尔成为全球最大的抗生素原料药生产基地,乌海及周边地区成为我国重要的煤焦化工、氯碱化工生产加工基地,阿拉善建成世界最大的金属钠和靛蓝生产基地。

(二)包头、呼和浩特、通辽等多地布局以产业技术创新中心、龙头企业和数字平台等为核心的产业创新生态

一是在呼和浩特、包头、通辽等地布局围绕产业技术创新中心的产业创新生态。以呼和浩特草原家畜生殖调控与繁育国家重点实验室为依托,培育畜牧业创新生态;依托包头内蒙古第一机械集团有限公司建设的特种车辆及其传动系统智能制造国家重点实验室,加强特种车辆及其传动系统智能制造应用基础和关键共性技术研究,打造特种车辆装备产业创新生态;依托通辽蒙医药重点实验室推动蒙医药产业创新生态的培育。支持赤峰、阿拉善、通辽等高新区建立新型研发机构、技术转移机构,强化产学研联动效应,建设一批创新创业孵

化载体，培育一批科技型中小企业，发展壮大高新技术产业创新生态。二是在呼和浩特等地布局围绕龙头企业的产业创新生态。依托伊利、蒙牛等龙头企业，发挥国家乳业技术创新中心力量，链接产业链上下游，加强高校、科研机构、合作伙伴的创新合作，打造世界级乳业创新生态；依托新能源、新材料、装备等行业的龙头企业，以企业应用为导向，以产业链为延伸，联合高校和科研院所共建产业创新生态。三是在呼和浩特、和林格尔新区和主要产业集群区布局围绕数字技术和数字应用的数字创新生态。积极推进和林格尔超算中心建设，继续支持中国移动、中国联通、中国电信、华为、阿里、腾讯、百度、苹果、亚马逊、曙光、浪潮、旷世科技等大型企业数据中心建设，打造呼包鄂、乌兰察布、赤峰大型数据中心基地。围绕呼包鄂乌发展和通辽赤峰发展区产业集群内部的农牧业、装备制造等产业，重点推进农牧业农村牧区数字化、工业化联网和智能制造进程，打造特色的农牧业数字化生态和工业数字化转型生态。

（三）蒙东三盟市和蒙西三盟市地区重点发展智慧旅游和康养等民生产业和民生经济

蒙东三盟市范围包括锡林郭勒盟西南部七旗（县）市之外的区域、兴安盟和呼伦贝尔市，属于典型的草原地区，分布有内蒙古四大草原中的三大草原，包括呼伦贝尔草原、科尔沁草原和锡林郭勒草原，从国家战略需求看，蒙东三盟市地区是华北和东北的重要生态防护带，生态环境约束较大，绿色发展导向明显，坚持生态优先的基本原则，重点打造草原旅游、清洁能源、生态农畜产品和边境贸易等产业，打造我国北疆重要的生态防护重地、开放前沿阵地、旅游发展高地，构建全国绿色开放发展示范区。蒙西三盟市范围包括乌海市、巴彦淖尔市和阿拉善盟。此区域戈壁沙漠面积占比高，水资源比较匮乏，属于典型的生态脆弱地区，生态保护压力大。坚持减量发展的方向，逐步退出在生态敏感地区的建设用地开发，加快推动传统产业转型，重点发展智慧旅游、生态旅游和生态农业，大力发展节水型经济，建立生态联防联控机制。

第五章 内蒙古科技创新引领经济高质量发展的重点任务

立足内蒙古优势特色产业和科技创新基础，着眼全国乃至全球科技创新发展趋势和空间布局，积极融入国家科技创新总体战略部署，统筹利用自治区内外科技创新资源，围绕科技创新供给能力提升，完善创新链条，全面提升自治区基础研究、应用基础研究、成果转移转化、产业应用等创新链各环节能力和水平；优化自治区科技创新资源在技术领域的配置及空间布局，推进构建多元创新主体协同合作的网络化科技创新体系，从供给侧切实提高科技创新引领内蒙古经济高质量发展的内源动力。从科技创新主体培育、要素集聚、平台建设、优化布局等方面着手，加快构建支撑引领内蒙古经济高质量发展的区域科技创新体系，打造国家创新体系中的北方特色区域科技创新中心，围绕产业链部署创新链、围绕创新链布局产业链，走科技兴蒙之路。

一、培育高水平科技创新主体

推进全区科技创新主体高层次、多元化，重点引进一批国家级高层次科研机构和企业主体,激励鼓励多元主体共同参与建立多维网络化的协同创新共同体。支持本地高校院所与区外高水平科研机构合作,建设国家重点实验室和工程研究中心,鼓励产学研合作设立新型研发机构。通过区外创新主体带动,提升自治区创新活力,围绕内蒙古农牧业、现代能源和装备制造业、战略性新兴产业以及生态和民生领域,在基础研究、应用研究以及成果转化和产业化等环节增加科技供给。

(一)推动国家高端科研院所在内蒙古设立分支机构

支持中国科学院、中国工程院等高水平科研院所在内蒙古建立分支机构或合作成立新型研发机构,明确各方责任,形成稳定的、常态的中央与地方合作机制。依托内蒙古优势和战略资源,整合区内优势科技资源,在绿色清洁能源、天然气、煤化工、石墨烯、沙产业、生态环保、荒漠化治理、信息化与大数据、生物制药、蒙中医等重点学科、重点领域,与国内相关领域高层次科研机构联合设立科研院所,强化各领域的科研能力。

(二)推动与国内外高水平高校院所合作办学

深入贯彻实施《关于深化人才发展体制机制改革的意见》《前沿科学中心建设方案(试行)》《高等学校基础研究珠峰计划》等相关政策,结合高校"双一流"建设和与国内高水平大学的对口支援工作,支持中国科学院大学、复旦大学等具有与内蒙古产业技术相匹配技术优势的大学,给予内蒙古在党的建设、发展战略、学科建设、师资队伍建设、科学研究、人才培养、国际交流合作等方面工作的指导、引领与借鉴,并依托重点研究平台,促进双方学术人员在共同感兴趣的领域开展合作。围绕内蒙古优势学科,形成与国外高水平大学可持续的合作办学和交流模式，形成可在内蒙古优势学科领域推广和复制的办学模式，推动优势学科领域的建设发展。

（三）推动与创新资源富集地区共建协同创新体

鼓励支持内蒙古有条件的地区与北京、深圳、西安等创新资源富集区共建协同创新共同体。将能源、航空、机械、军工等基础较好的产业，特殊技术研发实验的风险可控度高的产业，通过国家重大研发项目布局、差异化的产业扶持政策、特殊人才引进政策、地区导向性的土地利用政策等布局到内蒙古。通过与北京、深圳、西安等地共建协同创新共同体的方式，引导新能源、航空、高性能氢动力电池、永磁机等领域的创新资源要素向内蒙古聚集，真正融入国家新能源、新材料等产业链和创新链中，促使内蒙古在相关技术的研发储备、产业应用等方面发挥更强的战略作用。

（四）推动综合性新型研发机构建设

建立内蒙古产业技术研究院，成为政产学研深度融合、创新要素加速集聚的重要平台。加强与中国科学院、中国农业科学院、清华大学、哈尔滨工业大学等国内一流科研机构和高等学校合作，整合行业优势资源与区内科研院所和重点企业等优势资源，支持企业、高校、科研院所建立开放合作的综合性新型研发机构和产业技术创新联盟。引进组建一批国内领先的集研究开发、成果转化、产权运作于一体的新型研发机构，打破传统科研机构管理方式，采取与国际接轨的治理模式和市场化运作机制，根据新型研发机构类型和实际需求给予不同方式支持，进一步简政放权，赋予新型研发机构更大的科研自主权。

专栏4　　　　江苏省产业技术研究院的体制机制创新情况

科技创新与产业发展有效融合能够实现科技成果有效转化并且推动我国产业结构升级。江苏作为中国的经济大省，科技创新能力不断增强，高新技术产业的发展在全国范围呈现较高水平。2013年12月，按照"深化产业结构调整、实现产业结构从劳动和资本密集型产业向知识和技术密集型产业跨越"的要求，江苏省委、省政府决定成立江苏省产业技术研究院（以下简称"研究院"）。研究院定位于科学到技术的转化环节，旨在通过体制机制创新，打通从科技强到产业强的通道，为江苏产业转型升级和未来产业发展持续提供技术支撑，助推经济高质量发展。

在管理方式上，成立建设工作领导小组，由常务副省长任组长，出台了一系列管理制度，明确了管理方式和职能定位；研究院无行政级别，实行院理事会领导下的院长负责制，分管副省长任理事长。

在体制机制创新方面：（1）建立专业研究所新型运营机制。按照"研发人员创新劳动同其利益收入对接"的要求，探索建立了"团队绝对控股"专业研究所运行机制：由地方园区提供研发场所和设备，研发团队、地方园区和研究院共同出资组建团队控股的研究所运营公司，地方和研究院提供研发流动资金用于开展技术研发和转化。研发收益归运营公司所有，增值收益按股权分配。该模式下，研发机构资产（场所、设备）的所有权归属国有，研发成果的所有权、处置权和收益权归属团队控股的运营公司，把机构的发展与人的积极性捆绑起来，有利于研发机构技术积累和可持续发展。（2）实施项目经理制。研究院在全球范围遴选国际一流领军人才担任项目经理，赋予其组建研发团队、决定技术路线、支配使用经费的充分自主权，由项目经理牵头完成市场调研，整合创新资源，组建研发及管理团队，与地方园区对接共建研发机构（专业研究所）或实施填补国内空白、有广泛市场前景的技术创新项目。研究院为其组建服务团队，提供政策、法律、财务等专业服务，协助其与地方园区洽谈落地。（3）改革财政资金使用方式。对于处于初创期的技术创新项目，财政资金以"拨投结合"方式匹配，先以财政资金予以立项支持，研发取得阶段成功进行下一轮融资时，财政引导资金按市场价格转变为股权投资。该方式既发挥政府资金对原始重大创新项目和团队的支持作用，解决项目融资的市场失灵问题，保障团队在早期研发阶段的主导权，又充分利用市场机制来确定支持强度和获得研发成果的收益。（4）构建专业创新生态。研究院专业研究所以技术研发为核心，以专业孵化为导向，以专业基金为支撑，通过"技术研发+专业孵化+专业基金"三位一体的运作方式，分别衍生孵化几十家具有自主知识产权的科技型企业，一批具有核心技术的专业化产业园区初步呈现。

（五）协同创新增强企业创新主体活力

实施创新型领军企业倍增计划，加大高新技术企业培育力度。加强央企及其驻地单位与地方的科技创新合作，发挥央企对地方科技创新的带动作用。加强在煤化工、钢铁、重型装备、稀土等优势领域中的央企、自治区国有企业与产业链上下游中小企业衔接，形成与当地产业生态的有机结合。支持自治区国有企业、龙头企业等搭建共性技术平台，增强技术创新能力。引导民营企业参与自治区国有企业改制重组，通过联合技术创新培育具有竞争力的大企业集团。开展世界知名创新型企业培育行动，瞄准靶向发力，以乳业、草业、羊绒制品、蒙药、稀土功能新材料、新能源和高端装备等为优先领域，培育创新型领军企业，引领产业技术创新。鼓励大中型领军企业与科技型中小微企业组成联合体共同参与产业共性技术研发。开展中小企业技术创新能力培育行动，建立自治区"科技创新小巨人"企业培育库，扶持入库企业创新能力提升。

推进创新企业集聚，形成产业链协同的创新生态环境。整合产业链关联企业、研发和服务机构，加强分工合作和协同创新，形成具有跨行业跨区域带动作用和国际竞争力的创新型产业集群，推动单一线性的个体创新转变为多维网络化的集群创新。培育3个国家级创新型产业集群，聚焦煤炭化工、农牧良种培育等主导产业以及现代氢能、储能和碳捕捉与储存技术、新材料、先进装备制造等战略性新兴产业，打造现代能源、先进材料与装备、现代农牧创新型产业集群。构建跨区域创新网络、产业技术和公共技术服务平台，促进集群内各类要素自由流动，加强集群创新活动的国际合作，打造区域协同创新共同体。

二、加强科技平台建设

（一）建设科技创新基础设施平台

加强科技基础设施建设。围绕现代农牧业、现代能源、稀土新材料以及生态产业等特色优势产业，争取国家重大科研基础设施、大科学装置/工程落地内蒙古。推进在内蒙古布局生态环境试验、观测站点等科学平台载体，鼓励国家科研平台与内蒙古科研单位合作，鼓励现有国家试验站、观测站围绕内蒙古生态建设和环境治理急需解决的实际问题，建立科研示范基地，示范转化先进适用技术模式和科技成果。

加快新型信息基础设施建设。围绕新一代信息技术、新能源、储能、智慧电网等新技术新业态，加快推进5G、IPv6等新一代信息基础设施建设，加快建成呼和浩特国家级互联网骨干直联点和区域性国际互联网数据业务出入口；加快推进新能源智能电网等能源基础设施建设，推进蒙西至华东、华中和华南特高压电力外送通道建设，打造国家绿色电力外送基地。

持续推进集成创新重大工程设施建设。加强对国家级重点工程项目的创新研究，依靠重大工程设施的技术研究，提升自治区集成创新能力，促进内蒙古高质量发展。

（二）培育组建高水平创新平台载体

组建国家/省级（重点）实验室。面向前沿科学、基础科学、应用科学及学科建设，在生态环保及大规模储能、石墨烯、氢能、碳捕集封存等重点技术领域加快部署建设一批省级重点实验室；依托现有自治区级重点实验室，联合区外科技力量，在稀土、农牧业、蒙医药等领域争创一批国家级重点实验室；继续加强对已有3家国家重点实验室的指导和支持。

培育国家/省级工程研究中心。聚焦高成长性产业发展重点领域，大力推进高技术研发与科技成果产业化应用，在大数据、新一代信息技术等数字技术领域，以及能源工程、高端装备和生态环保领域加强国家和省级工程研究中心建设，推动数字化和智能化转型和产业数字化应用。

打造国家/省级技术（产业）创新中心。顺应优势产业转型升级要求，加强新能源与智能电网装备、高端装备制造和新材料产业先进技术研发应用。支持生物医药、高端医疗器械、智慧医疗产品以及基因检测诊断、细胞质量等前沿技术研发；加强新型光伏发电技术、风力发电、储能技术研发以及智能输配电控制设备研制；提高轨道交通、航空航天、卫星应用、智能成套装备等高端装备制造技术水平；支持金属新材料、新型功能材料、高性能复合材料、石墨烯等新材料研发。

培育国家级企业技术中心。鼓励有实力的创新型企业积极申报国家级企业技术中心，面向国民经济市场需求，加强应用型技术研发和产品开发。

（三）建设科技成果转化服务平台

构建科技成果信息共享平台。盘活科技成果数据资源，加强科技成果征集和筛选，建设科技成果、企业需求、科技项目、科技专家数据库，积极向高校、科研院所、企业等征集科技成果，逐步将全国乃至全球的优质科技资源纳入系统，为科技成果供需双方提供成果对接的精准服务，引导市场主体积极参与科技成果交易。

构建科技成果交易服务平台。建立科技成果专业化、市场化定价机制，指导科技成果所有方以技术交易市场挂牌交易、协议出让、股权投资等方式进行技术成果交易。

建设科技成果线下转化平台。统筹自治区高校院所、工程技术中心、实验室等资源，构建开放共享的小试服务平台，为科技成果转化方提供数据积累、工艺优化、二次研发等服务；支持高校、科研院所、企业、中介机构等建设一批专业中试基地，开展样品生产、技术鉴定、批量试制、工艺熟化等服务；建设第三方检验检测认证平台，专业提供功能认证、应用场景实测等服务。

（四）加强"双创"平台载体培育建设

鼓励面向不同群体的双创平台建设。面向农村、牧区、农牧民，加强"星创天地"双创载体建设；加强高校科技园和大学生创业园建设，举办"互联网+"大学生创新创业大赛和高职院校职业技能大赛，引导培养学生的创新意识；面向各级各类科技人才和创新创业团队，加强众创空间载体建设，加强不同众创空间之间交流协作、资源共享。推进自治区双创平台提质增效，打造一批国家级众创空间，引进一批服务本地的国家级众创空间，在创业培训指导、科技成果转化、投融资对接等方面促进平台创业服务能力提升。

（五）深化国有企业研发平台改革

支持国有企业打造高水平开放性研发平台。建立与中国科学院等知名科研院所、高等院校、研发机构的合作对接常态化机制，大力推进创新联合体建设，搭建面向行业的共性技术研发平台。推动国有企业现有研发平台向开放性、公共性方向改革，促进平台重大科研成果产出。建立促进内蒙古国有企业技术创新的激励分配机制，探索实施项目跟投机制，加快推动科研成果产业化、市场化，通过更开放的融通创新，培育更多黑科技、硬科技企业，形成更多"独角兽""瞪羚"企业，打造更多"专精特新"的隐形冠军。

三、加强科技创新要素供给

（一）集聚高层次创新人才队伍

把科技人才队伍建设摆到更加突出的位置。优化整合各级各类人才计划及专项资金，明确"高、精、尖、缺、实"导向，统筹自治区各部门人才计划、自治区本级人才计划与各地区人才计划、引进人才计划与本土人才计划，实施"顶尖人才—领军人才—青年人才—后备人才"的梯次建设。创新科技人才管理的体制机制，实行不同学科与不同岗位的多元评价标准，加强完善人才法制建设。

深入实施产业领军人才战略。聚焦人才引进的方向和领域，推进"草原英才"工程和"一心多点"柔性引才，实施"鸿雁计划"等特色人才项目，打造特色产业高端人才集聚平台、"草原硅谷"人才管理改革试验区、京蒙人才交流合作平台。实施科技新星人才计划、青年科技骨干计划、科技领军人才计划，大力支持优秀青年科技人才开展创新研究。充分挖掘区内高校、科研院所潜力，打造一批科技领军人才及后备力量，培养造就一批进入科技前沿的学术带头人和引领产业技术创新的技术带头人。

加大技能人才培养力度。重视培养使用本土人才，推进内蒙古国家级职业技术教育中心建设，围绕内蒙古优势特色产业和新兴产业重点领域，鼓励区内高等学校、职业院校调整专业设置，大力培养高级工程师、高级技师、技术工人等高技能人才。创新高技能人才培养制度，开展校企联合招生、联合培养的现代学徒制试点，鼓励有创新实践经验的企业家、企业科技人员和高技能人才到高校院所兼职，享有与高校教师同等的招收研究生、申报课题等权利。

（二）促进科技投入稳健性增长

坚持把科技投入作为战略性投资，积极对接国家科技计划项目，加大自治区财政科技投入配套比例，加快建立政府投入为引导、企业投入为主体，多元化、多渠道的科技投入体系。

积极争取国家科技计划项目。吸引和组织国内相关领域科研机构与内蒙古科研机构、企业协同攻关，促成国家科技计划项目在内蒙古组织开展高水平科技攻关。争取生态环境治理领域重点研发专项，围绕乌海及周边地区大气污染治理、"一湖两海"典型湖泊生态调控与治理、钢铁与稀土矿产资源综合利用及稀土尾矿库综合治理、退化草原生态修复及生物多样性保护等重点问题，争取纳入"固废资源化""典型脆弱生态系统修复""水资源高效开发利用""大气污染防治"等国家重点研发专项实施方案；围绕重大科技需求和技术瓶颈，联合国内外稀土领域高水平科研院所，组织专家实施国家重大项目前期论证工作，力争在国家重大项目中承担并争取"稀土新材料专项"；力争国家设立支持内蒙古农牧业主导产业发展的地方科技计划专项，以及相关人才团队培养和平台载体建设专项，依靠国家高等院校、科研院所等高水平平台，组织开展联合攻关，协助解决内蒙古农业主导产业技术瓶颈，培养相关产业技术团队，共同建设高水平科技创新平台载体，切实为内蒙古农牧业主导产业提供科技支撑；争取国家技术创新引导专项的支持，推进相关领域科技成果在内蒙古转化落地。

依托科技金融扩大科技资金投入规模。加强金融与科技紧密结合，大力发展适应科技创新和产业发展的金融产品和服务，建立适应创新链需求以及创新链与产业链对接的科技金融体系。围绕创新链的前沿基础理论研发、技术工程验证、产品开发中试等各环节，加强金融工具和产品的定向支持；在创新链与产业链对接环节，支持天使投资、风险投资、产业基金等发挥科技产业化过程中的资金保障作用，助力科技创业和科技型中小微企业应对市场化前期风险。

四、优化科技区域布局

（一）创建呼包鄂国家自主创新示范区

内蒙古已经建成3个国家级高新技术产业开发区。为进一步提升自治区科技创新能力，深度融入国家创新驱动发展战略，需在此基础上，整合呼和浩特金山高新技术产业开发区、包头稀土高新技术产业开发区、鄂尔多斯高新技术产业开发区3个国家高新区，打造呼包鄂国家自主创新示范区，在稀土新材料、高端装备智能制造、现代能源、农牧和蒙医药等领域形成创新资源富集区和产业创新引领区，同时形成促进西部与京津冀、粤港澳大湾区、长三角经济圈等发达地区的对接平台。

专栏5　　　　　　　国家自主创新示范区

国家自主创新示范区是经国务院批准，在推进自主创新和高技术产业发展方面先行先试、探索经验、做出示范的区域。对进一步完善科技创新的体制机制、加快发展战略性新兴产业、推进创新驱动发展、加快转变经济发展方式等方面发挥重要的引领、辐射、带动作用。实现技术创新领先、产业领先、经济和社会发展领先、体制机制创新领先的建设目标，成为世界一流的高科技园区，对其他国家高新区和区域经济社会的发展做出引领和示范。

截至2019年9月,国务院共批复21家国家自主创新示范区(见表5-1),其中浙江省和广东省分布2家,其余17个省(区、市)各分布1家,内蒙古尚未获批,是自治区创新发展中的短板。

表5-1　　　　　　　　国家自主创新示范区

省(区、市)	国家自主创新示范区	批复时间
北京市	中关村国家自主创新示范区	2009年3月
上海市	上海张江国家自主创新示范区	2011年3月
天津市	天津国家自主创新示范区	2015年2月
重庆市	重庆国家自主创新示范区	2016年7月
湖北省	武汉东湖国家自主创新示范区	2009年12月
浙江省	杭州国家自主创新示范区	2015年9月
	宁波、温州国家自主创新示范区	2018年2月
广东省	深圳国家自主创新示范区	2014年6月
	珠三角国家自主创新示范区	2015年9月
江苏省	苏南国家自主创新示范区	2014年11月
湖南省	长株潭国家自主创新示范区	2015年1月
四川省	成都国家自主创新示范区	2015年6月
陕西省	西安国家自主创新示范区	2015年9月
辽宁省	沈大国家自主创新示范区	2016年4月
山东省	山东半岛国家自主创新示范区	2016年4月
河南省	郑洛新国家自主创新示范区	2016年4月
福建省	福厦泉国家自主创新示范区	2016年6月
安徽省	合芜蚌国家自主创新示范区	2016年6月
甘肃省	兰白国家自主创新示范区	2018年2月
新疆维吾尔自治区	乌昌石国家自主创新示范区	2018年11月
江西省	鄱阳湖国家自主创新示范区	2019年8月

(二)提质培育国家级高新技术开发区

围绕各盟市优势产业集聚创新资源,积极培育高新产业开发区,支持赤峰高新技术产业开发区、阿拉善经济技术开发区升级为国家级高新技术开发区。打造一批现代农牧业产业园和高新技术产业示范区，推进农牧业向优质高效转型；推进稀土产业高质量发展，建设国家稀土新材料产业园、稀土功能材料创新中心等园区载体。鼓励和支持有条件的盟市申报创建自治区级高新区，有效调动区内外优势资源、协同创新、互动发展，为国家高新区的申报创造条件。紧抓国家出台促进开发区创新发展指导意见的契机，推动自治区3个国家级经济技术开发区转型升级和创新发展，复制推广自主创新示范区等试点经验，落实国家科技创新政策，加快推进改革试点，打造现代产业体系。

专栏6　　　　多个国家级经济技术开发区出台升级方案

2019年7月，国务院出台《关于推进国家级经济技术开发区创新提升打造改革开放新高地的意见》（国发〔2019〕11号），提出国家级经济技术开发区（简称经开区）创新发展促进转型升级的一系列举措。在国家层面指导意见的推进下，地方已经开始部署新的发展规划。目前江苏、上海、山东、广东、浙江等地都在筹划出台区域内经开区升级方案，加快打造一批高新技术项目，并推动形成先进制造业集群。

其中，经开区数量位列全国首位的江苏省，目前正在开展智能化、数字化发展的方案论证，以及自贸试验区政策叠加复制和集成创新的探索。作为占据开放优势的上海，也将聚焦自贸试验区的改革经验和长三角一体化的区位优势，加强科技创新合作，强化产业协同发展，优化产业集群布局。广东则在推进粤港澳大湾区建设三年行动计划中明确，支持深圳、广州开发区创建营商环境改革创新实验区。

经开区的发展重点将是凭借开放优势和制度创新红利，以产业项目为导向，发展高新技术产业，并通过高新技术产业的转型

> 带动其他相关产业的升级。未来有望在互联网、大数据、人工智能等领域和实体经济深度融合,促进信息经济与实体经济的融合共生,加速传统产业的数字化转型等方面加快突破。

(三)推进创新型城市和园区创建评选

充分发挥创新型城市和园区发展高科技、培育新产业的核心载体作用,优化自治区创新型城市和园区建设布局。加快推进自治区创新型城市和园区评选工作,建立创新型城市和高新区综合评价和主要指标定期通报制度,加强第三方评估评价,增强城市和园区载体创新发展内生动力。依靠创新型城市和园区建设,打造创新驱动发展的先行区、引领区、示范区,提高对创新型省份(市、区)的支撑引领作用。统筹推进大学科技园、科技产业园、科技创业园等各类园区建设,加速集聚高端创新资源,打造一批创新高地,形成空间布局合理、创新功能高低错位、辐射带动作用明显的创新格局。

第六章　内蒙古科技创新引领经济高质量发展的对策建议

一、加强科技创新引领经济高质量发展的政府统筹能力

（一）制定自治区层面科技创新引领经济高质量发展的战略和规划

制定科技创新引领经济高质量发展中长期战略。围绕国家对自治区发展定位，制定科技创新引领经济高质量发展中长期发展战略，全面贯彻落实国家创新驱动发展战略工作部署及任务要求。以开放合作为抓手，强化东西联动，加大与京津冀、粤港澳大湾区、长三角等发达地区的科技创新对接，深入实施创新驱动发展战略，将内蒙古建设成为国家创新体系中的北方特色区域科技创新中心。

出台科技创新引领经济高质量发展的指导意见。在自治区层面建立科技创新引领经济高质量发展的基本框架，确定发展目标，建立"科技兴蒙"工作新机制，从全区层面布局重点行业、重点领域和重点地区发展思路，推动以科技创新为引擎的全面创新。明确内蒙古在国家创新体系的定位，把科技创新摆在经济社会发展核心位置，按照国家

重大战略部署找准定位，聚焦内蒙古经济社会发展需要和创新发展重大需求，加快创新型内蒙古建设。

优化整合自治区科技计划。制定自治区科技计划体系调整方案，优化整合现有六类科技计划。按照明晰政府与市场边界、聚焦自治区重大战略任务的原则，减少种类数量，提高资助强度，提高研发效能，优化整合现有六类科技计划为四类，即：自治区基础研究计划、自治区科技重大专项、自治区重点研发计划和自治区科技创新平台（人才）计划。明确四类科技计划的功能定位，自治区基础研究计划聚焦自治区优势特色学科的应用基础研究，注重交叉学科，培育人才和团队，增强源头创新能力；自治区科技重大专项聚焦自治区重大战略产品和重大产业化目标，集中资源，协同创新，集成攻关；自治区重点研发计划聚焦自治区优势特色领域的重大社会公益研究和重大共性关键技术研究，突出重点，为自治区经济社会重点领域提供持续支撑；自治区科技创新平台（人才）计划聚焦自治区重点科技创新平台、高层人才与优秀团队，给予稳定持续支持。

健全科技创新重大选题机制。出台构建自治区党委政府决策、厅际联席会议协调建议、专家咨询委员会咨询论证三位一体的科技重大选题工作机制的实施方案。区分科技计划项目选题类型，由厅际联席会议协调确定或提出建议。其中，面向自治区重点战略需求和经济社会主战场的选题，由自治区经济产业部门（企业）提出，科技部门转化为关键科学、技术和产业问题；面向基础研究的选题，由学术部门提出建议。组建由产业界、科技界战略专家和政府部门代表组成的独立于行政部门的选题专家咨询委员会，制定专家遴选制度，确定专家遴选原则、遴选标准、专家结构、遴选程序与审定方式。制定选题准则，确定选题标准、选题依据、选题方法、选题流程和选题排序原则等。

专家咨询委员会负责对科技计划设立、科技创新重大选题进行咨询论证，并纳入自治区党委政府决策程序。

（二）建立科技创新的组织领导考核机制

建立科技创新引领经济发展的自治区"一把手"负责制度。自治区党委、政府要将科技创新体制改革工作摆上重要议事日程，实行"一把手"负责制，加强科技创新成效的考核和评价。建立盟（市）、旗（县）"一把手"考核制度，将科技成果转化工作列入"一把手"考核和述职范畴。

建立自治区科技创新厅际联席会议制度。在自治区党委领导下，由科技厅会同发展改革委、财政厅负责科技计划综合协调和整体推动，审议科技计划总体布局、立项建议、实施方案、发展规划和有关管理规定，以及遴选确定项目管理专业机构等重大事项。各司其职，共同推动科技计划的组织实施管理。

建立既统筹协调又相对独立的行政决策与专家咨询的工作机制。成立自治区科技创新咨询委员会（以下简称咨询委），由政府部门、学术界、产业界相关专家组成。咨询委的主要职责是为自治区政府科技创新重大战略、重大决策、重大任务和重大规划等宏观决策提供咨询服务。

（三）围绕自治区战略性重大任务形成协同攻关机制

围绕五大重点领域开展科技创新协同攻关。落实关于"启动大规模储能、石墨烯、稀土、氢能、碳捕集利用与封存科技发展专项"任务和要求，对接相关领域国家重大科技计划。由科技厅牵头，与科技部、中科院、相关省市等形成合力，共同推动重点领域开展前沿技术攻关，加强产学研合作。实施"科技兴蒙"战略，构建跨区域创新网络，引导产学研用合作和创新要素向内蒙古流动，共建一批科技创新平台载体，加快重大科技成果转移转化，引进培养高层次创新人才及团队，将内蒙古打造成国家创新体系中的北方特色区域科技创新中心。

加快建成世界级乳业创新中心。出台和实施自治区推进乳业创新升级行动计划，培育建设乳业国家技术创新中心，对接科技部重大科技项目，促进科技成果在内蒙古转移转化。重点支持呼和浩特培育国家乳业技术创新中心，打造乳业全链条研发创新体系，开展前沿引领技术探索和关键共性技术攻关，提升我国乳业综合实力和影响力。

（四）建立科技创新组织协调和资源调配机制

创新管理体制，加强组织协调。在自治区科技创新领导小组下设立专项工作组，密切部门分工协作，建立并完善促进科技与产业融合的部门协调运行机制。创新管理方式，探索分业监管、协同共治模式，加强科技创新资源整合和机制创新。完善部门沟通协调和工作联动机制。转变政府科技管理职能，大力推进简政放权、放管结合、优化服务，重点完善事中事后监管，更好地发挥政府在优化创新环境、提供创新服务等方面的作用。系统推进科研项目和资金管理改革，加快建立自治区级科技项目管理平台，建立健全创新调查和科技报告制度，推动各类科技资源向企业和社会开放共享。

创新多主体协同、产学研合作模式。推进产学研协同创新基地、校企合作研发机构、高校协同创新中心和技术转移体系建设。大力构建协同创新体系，积极促进产教融合创新。实施制造业创新中心建设工程，建立由龙头骨干企业、科研院所、行业协会等参加的产业技术创新战略联盟，构建制造业协同创新体系，推进联盟资源共享、协同攻关，为全行业提供关键共性技术服务。推进产业创新国际化，深化与创新型国家和地区的科技合作,构建产业创新全球合作伙伴关系网络,深度融入全球研发创新网络,全面提升自治区在全国创新格局中的位势。

完善突出创新导向的评价制度。根据不同创新活动的规律和特点,建立健全以科技创新质量、贡献、绩效为导向的分类创新评价体系,在自治区形成支持创新的鲜明导向。推进高校和科研院所分类评价,实施绩效评价,把技术转移和科研成果对经济社会的影响纳入评价指标,将评价结果作为财政科技经费支持的重要依据。推行第三方评价,探索建立政府、社会组织、公众等多方参与的评价机制,拓展社会化、专业化、国际化评价渠道。进一步完善科技奖励制度,优化奖励结构,提升高等级奖励比重,探索学协会和专家提名推荐机制,强化对人才的激励。

二、构建科技创新引领经济高质量发展的市场推动能力

(一)建立健全科技创新服务机制

构建覆盖研发、转化、交易、投融资等创新全链条的科技服务网络。组建自治区科技创新服务联盟,延展科技创新服务链,加快建设具备综合服务功能的科技服务业和知识产权服务业集聚区,推动科技服务专业化、网络化、规模化、国际化发展。实施科技服务业"双倍增"计划,培育扶持科技服务主体开展研发设计、技术转移、知识产权、检验检测认证、科技咨询等专业化和综合性科技服务。建立健全多层次的技术市场体系,发展壮大自治区技术交易综合服务市场,规划建设区域性、专业性技术市场。支持高校建设技术转移中心,鼓励国际技术转移机构在自治区设立分支机构,促进创新成果加快转化。

（二）规范市场竞争机制

健全保护创新的法治环境。加快创新薄弱环节和领域的地方立法进程，构建综合配套精细化的法治保障体系。健全知识产权行政侵权查处机制，依法严厉打击侵犯知识产权犯罪行为，加大海关知识产权执法保护力度，促进知识产权管理由多头分散向更高效能转变。加强法制观念的宣传和教育，加强知识产权保护的执法力度，尊重创新、保护创新。

培育开放公平的市场环境。加快突破行业垄断和市场分割，强化需求侧创新政策的引导作用，建立符合国际规则的政府采购制度，利用用户补贴、普惠性财税和保险等政策手段，降低企业创新成本，扩大创新产品和服务的市场空间。推进要素价格形成机制的市场化改革，强化能源资源、生态环境等方面的刚性约束，提高科技和人才等创新要素在产品价格中的权重，让善于创新者获得更大的竞争优势。

（三）完善科技成果转化机制

建立促进自治区科技成果转化的工作机制。统筹协调科技厅、教育厅、国资委、工信厅等有关部门在科技成果转移转化方面的沟通对接，充分发挥旗（县）基层科技服务机构的作用，有序推进科技成果研发、引进和应用。开展产学研深度合作促进计划，健全高校、科研院所和企业的科技成果入库制度和成果转化报告制度，加强信息资源共享，探索联动支持机制，鼓励科研院所与企业多样化合作。

建立以科学数据分析为基础的科技成果精准推送机制，为企业提供常态化的科技成果精准推送服务。完善以成果转化及产业化为导向的科技成果评价机制，引导行业协会、科技中介机构等第三方机构面向市场需求开展科技成果评价。

加强面向产业发展需求的成果转化。实施面向产业发展的科技成果转移转化计划。围绕自治区重点产业，以需求为导向发布一批符合产业转型升级方向、投资规模与产业带动作用大的科技成果包，以自治区高新技术产业开发区等为载体，资助实施面向产业发展的科技成果转移转化。自治区理工农医类高校在自治区开展科技成果转化或承担区内企事业单位委托项目的权重原则上不低于40%。支持自治区产业技术研究机构聚焦科研成果转移转化，加快关键核心技术二次开发应用和产业化。

增强高校和科研院所科技成果转化动力。制定高校、科研院所自治区财政资金使用及其成果转化激励办法。明确规定高校、科研院所承担自治区财政资金资助的应用类科技计划项目可预留20%的资金，待完成转化任务后予以拨付。对高校、科研院所职务科研成果实现转化的，将不低于70%的转化收益奖励给成果完成人和做出贡献人员，奖励不纳入单位绩效工资总量管理范畴。建立依托大学或科研院所独立运行的专业转化机构，机构运行费用从成果转移转化收益分配中解决。

降低企业科技成果转化风险和成本。推动呼和浩特、包头、鄂尔多斯等地成立区域成果转化引导基金，对成立初期的中小型高新企业，消除财政科技成果转化基金收益率要求。企业自主研发并实现转化的具有自主知识产权的重大科技创新成果，由自治区科技成果转化专项资金给予同等力度资助。对认定的高科技企业，免征企业技术转让、技术开发业务取得收入的增值税。对企业购买自治区外先进技术成果并实现自治区内转化和产业化的，按其技术合同成交并实际支付额度，自治区给予补助。

（四）加强创新环境建设

打造市场化、法治化的营商环境。巩固"放管服"改革和全面创新改革试验及各类试点示范改革成果，为各类市场主体投资兴业提供法治保障。深入实施公平竞争审查制度，加大反垄断和反不正当竞争执法力度，严肃查处新兴领域企业违法行为，打破地区封锁和行业垄断。建立健全知识产权侵权惩罚性赔偿制度和维权援助等机制，推进知识产权区域布局工作，加快建设引领型知识产权强省。

加强创新的财税政策支持。进一步落实国家关于科技创新的财税支持政策。落实好自治区已出台的减税降费、降低融资成本等各项政策。创新财政资金投入方式，吸引社会资本建立政府引导型产业基金，大力支持区域优势产业创新发展。鼓励有条件的地区设立产业创新发展基金，引导社会资金设立一批产业创新投资基金。

营造崇尚创新的文化环境。重视科研试错的探索价值，建立鼓励创新、宽容失败的容错纠错机制。加强科学教育，丰富科学教育教学内容和形式，激发青少年的科技兴趣。倡导"敢为人先"的创新精神，鼓励企业家精神，鼓励工匠精神，增强创新自信，积极倡导敢为人先、勇于冒尖、宽容失败的创新文化。树立崇尚创新、创业致富的价值导向，大力培育企业家精神和创客文化，形成吸引更多人才从事创新活动和创业行为的社会导向。

三、构建科技创新引领经济高质量发展的基础保障能力

（一）加强人才保障机制建设

健全引才聚才的政策环境，突出抓好企业创新平台、公共服务平台、园区载体三类平台建设，为各类人才创造施展才华的空间。优化

人才服务生态环境，推进自治区高层次人才创新创业服务平台建设，推行"一次办好"工作机制，提供便捷服务。建立无后顾之忧的保障环境，在薪酬待遇、家属就业、子女入学、户籍社保、住房等方面按规定给予必要保障，用人单位要在科研、人事、财务等方面，为科研人员提供有力支撑。建立简政放权的管理环境，赋予科研人员更大的技术路线决策权和科研经费使用自主权。建立开放公平的事业环境，坚持有为才有位，统一标准、协调政策、良性竞争、维护公平，调动科技人才的积极性。

改革人才培养模式。制定《内蒙古自治区高校优势特色学科建设实施意见》，设立专项资金，聚焦优势特色学科，促进学科交叉融合，注重打造优势特色学科群。制定《内蒙古自治区高校本科质量提升工程实施意见》，探索本科通识教育，实施名师任课制度，调整改革专业结构、教学模式和教学内容。制定《内蒙古自治区高校研究生教育改革实施意见》，对标优势特色学科，优化学科布局；建立导师岗位聘任制度，实现导师由资格制向聘任制转变；改革课程体系，突出与内蒙古经济社会发展需求对接的应用型人才培养定位；改革培养方式，探索实施行业导师制度、创新创业教育制度、案例开发与案例教学制度、联合培养基地制度等；对自治区急需的科技创新人才实行"定制式"培养模式，形成鲜明的需求导向。

创新高端人才使用和激励机制。加快构建科学、规范、高效的评价体系，破除"四唯"，改革完善人才培养、使用、评价机制，实施人才分类评价，强化用人单位人才评价自主权，完善收益分配机制和多层次的人才政府表彰奖励制度。建立多样化柔性引才引智机制，积极吸引高端人才采取柔性流动方式来内蒙古短期或长期以兼职、咨询、讲学、科研和技术合作等方式提供智力支撑。建立特聘专家制度，围绕重点优势产业和区域经济发展，鼓励相关部门和企事业单位在国内外聘请经济社会发展急需的高端人才担任特聘专家。建立紧缺人才清单制度，探索对引进高层次或紧缺人才实行年薪制、协议工资制和项目工资制。完善人才社会保障制度，探索人才双向流动机制，允许科技创新人才在高校、科研院所和企业间双向兼职。鼓励企业与科研单位、高等院校合作开展研究，通过科技合作培养学术技术带头人。开展高校教师学术休假试点，实施创新创业领军人才和高校教师境外研修计划，激发科研人员创造力。

（二）建立多元投入机制

构建技术创新的市场导向机制。坚持把科技投入作为战略性投资，加快建立政府投入为引导、企业投入为主体，多元化、多渠道的科技投入体系，形成符合创新规律的科技经费使用和管理机制。研究制定自治区科技经费分配与管理办法等，针对不同类型的项目采取前资助和后补助相结合的资助方式。鼓励企业、社会组织和个人等投入科技创新，并给予税收优惠或奖励。加大面向产业和市场的科技计划项目支持力度，探索建立由市场决定技术创新项目、技术路线、资源配置和评价成果的机制。

建立自治区科技计划与财政科技投入的统筹协调机制。结合科技计划合理需求、实施周期，制定自治区财政科技投入中长期规划。通过对未来自治区经济及财政收支情况分析，对未来自治区财政科技投入进行预计，初步确定未来五到十年财政科技投入预计总量。按照尽力而为、量力而行、保障重点、兼顾一般的原则，统筹科技计划资金、科研机构运行资金、科研条件建设资金等各项财政科技资金，确保财政科技资金安排得科学、合理、规范、可持续。

建立财政科技资金稳定增长机制，每年安排财政资金组织自治区重大科技专项实施，加强与国家科技重大专项对接，争取更多国家项目在自治区实施。优化自治区财政产业发展资金支出方向，战略性新兴产业发展专项资金重点用于高技术产业化、产业创新平台建设、示范基地建设以及央企合作发展。工业转型升级专项资金加大对战略性新兴产业技术改造项目的支持力度。开发区发展专项资金每年划拨一定比例用于支持开发区战略性新兴产业发展。自治区中小企业发展、技术创新引导等专项资金重点支持战略性新兴产业的技术研发和成果转化。

建立适应创新链需求的科技金融体系。推进新型科技金融机构建设，引入银行资金、民间资本，扩大自治区战略性新兴产业创业投资引导基金规模，推进自治区工业技改产业引导股权投资基金、中小企业创投基金、科技创业投资引导基金、天使投资基金等相关引导基金的实施运作。建设区域性科技金融服务中心，完善科技金融信息服务平台功能，建立创业投资与政府项目对接机制。鼓励银行业金融机构建立适合科技企业融资需求特点的授信模式，简化知识产权质押融资流程；开发科技保险产品和服务，鼓励保险资金以股权、基金、债权、资产支持计划等形式，支持科技型企业发展、重大科技项目实施和科技基础设施建设。扩大科技企业直接融资规模，实施科技企业上市培育计划，建立私募基金投资上市后备企业的融资体系，支持企业在创业板、中小板等上市融资；支持非上市中小企业通过全国中小企业股份转让系统进行股权融资；支持符合条件的科技企业发行公司债券、企业债、短期融资券和中期票据，组织中小型科技企业发行集合债券。建立覆盖全区的科技金融风险补偿资金池，支持科技创业和科技型中小微企业发展。

(三)建立健全科技创新基地管理体制

制定自治区科技创新基地整合指导意见,优化整合创新基地建设,提升科技创新基地创新引领与支撑能力。参照《国家科技创新基地优化整合方案》(国科发基〔2017〕250号),结合内蒙古实际,对内蒙古科技创新基地进行优化整合。制定自治区科技创新基地五年发展规划,划分基地类型,明确功能定位,设立发展目标,提出保障措施,开展绩效评价,实行动态调整。出台高新区科技体制机制改革实施意见。建立高新区"一区多园"管理体制,实行统一的政策、管理标准和统计体系。赋予高新园区所在行政区同等经济管理权限。建立统一的园区招商审核会商、利益分享机制,加大对研发投入、高企培育、高企投资及产出、发明专利等指标的考核,形成有利于园区产业集聚、特色发展的考核体系。发展一批特色科技创新园区,重点建设一批高新技术园区(开发区)、农业科技园区和特色科技产业化基地,加强产业创新集群发展,提升整体发展质量和辐射带动能力。

四、构建科技创新引领经济高质量发展的协同创新能力

(一)加强国际协同创新机制建设

制定内蒙古国际科技合作战略,加强国际科技合作的顶层设计。提高对外科技交流合作水平,积极参与"一带一路"建设,建立政府间重点领域的科技创新交流合作机制,合作开展项目攻关和联合研发,积极承担、落实国际科技合作计划项目,制定实施农牧业、草业、稀土、煤化工等共性关键技术的国际科技合作方案。推动和提升中蒙、中俄科技合作及创新平台建设,以满洲里等边境城市为试点加快建立区域特色国际技术转移中心,提高技术转移中心对接国内外科技资源

和提供科技服务的能力。聚焦人类命运共同体和可持续发展的国际话题，加强与国际组织的联系，设立专项经费支持国际组织在内蒙古举办高水平论坛。推广"库布其国际沙漠论坛"的组织模式，提升稀土、新能源等内蒙古特色领域的国际论坛层次，扩大内蒙古"新材料、新能源、新生态"品牌国内外影响力。建立内蒙古与"一带一路"沿线国家和地区的常态化人才交流机制，采取共建院士专家工作站、实施发展中国家杰出青年来华工作计划等措施加强高层次国际科技人才的交流合作，鼓励和支持国外青年科学家来自治区工作。

（二）深入推进部（省）区协同创新工作会商机制

从顶层设计、规划编制、机制改革等方面加快建立"科技兴蒙"的长效机制。不断深化和拓展国内科技合作，建立与京津冀、粤港澳大湾区、长三角等区域的科技合作工作对接机制。加强呼包鄂国家自主创新示范区发展顶层设计，建立协同创新机制，着力打造体制机制创新试验区。进一步理顺现有内蒙古高新区之间的横向和纵向管理体制机制，以呼包鄂地区辐射带动区内其他高新区或创新集群，形成以呼包鄂为中心的自治区协同创新集群。

（三）建立自治区全方位科技合作体系

加强厅际协同，强化部门间创新政策制定、落实方面的衔接协调。推进厅市会商，聚焦盟市地方重大科技需求，建设一批科技示范工程。

附录一　科技创新引领经济高质量发展的主要模式与关键抓手[①]

一、科技创新引领经济高质量发展的主要模式

（一）历次科技革命引发区域产业经济突破式跃迁发展

18世纪工业革命以来，科技创新日益成为世界经济政治与社会发展的核心动力。历次科技革命及其驱动的产业变革均引发了不同领域科技产业的关键技术突破，以新技术带来新产品、形成新产业、创造新供给、引发新需求、发展新经济，并由此引领驱动了典型国家和地区相关科技产业发展势能突破式跃迁及经济高质量发展，带来世界及区域发展格局的重塑。

18世纪的世界工业革命最早开始于纺织行业，因棉纺织业繁荣而被称为"棉都"的曼彻斯特直接和深刻地感受到了科学技术带来的影响与冲击，在以蒸汽技术为代表的第一次工业革命浪潮下成为十八九世纪世界变革的中心。这场以蒸汽机代替人力的工业革命在短短的几十年内，使英国由落后的农业国一跃成为世界头号工业强国，

[①] 本文作者为中国科学院科技战略咨询研究院赵璐。编写时间为2020年1月。

称霸全球达半个世纪之久。19世纪70年代，以电力技术革命为代表的第二次工业革命拉开序幕，世界由"蒸汽时代"进入"电气时代"，科学与技术开始密切结合，涌现出电气、化学、石油等新兴工业部门，工业重心由轻纺工业转为重工业。美国、德国、日本等国家开始迅速崛起，其中，美国于1900年成为世界第一制造业大国，并在东北部形成了横跨波士顿、纽约和芝加哥的"平行四边形"的制造业带。20世纪四五十年代进入以计算机及信息技术革命为代表的第三次工业革命之后，半导体成为信息时代的"原油"，其地位堪比第一次工业革命的蒸汽机。20世纪60年代美国加利福尼亚州牢牢把握科技和产业革命机遇，半导体产业在加州突破式崛起，硅谷一举跃迁成为世界高新技术创新和发展的中心。目前，加州经济总量不仅稳居美国第一，2016年更是超过法国成为全球第六大经济体。需要特别说明的是，1987年成立的美国半导体制造技术战略联盟SEMATECH在推动美国重建世界半导体工业霸主地位过程中发挥了重要作用，充分体现了企业间研发合作对提高一个国家科技产业全球竞争力的非凡促进作用，该联盟也因此成为美国历史上最具影响力的少数研发联盟之一。同一时期，日本的汽车产业、韩国的半导体产业、印度班加罗尔的软件产业也在本国、本地区的"弯道超车"竞争中发挥了关键作用。同时，伴随着第三次工业革命的浪潮，现代信息技术和交通技术的快速发展直接导致了经济全球化，并且科学技术转化为直接生产力的速度明显加快，跨地区、跨国家的技术合作与协同创新成为高科技产业发展的重要方式。

（二）科技创新加速区域优势产业转型升级与发展演化

除了科技产业变革带来的典型区域经济跃迁式崛起之外，基于本地产业基础和创新资源，在政府引导、市场作用、科技创新投入等共同影响下，加速发展演化的区域优势产业转型升级，也是区域经济高质量发展的重要推动力量和主要模式。

德累斯顿是德国东部萨克森州首府和第一大城市，被认为是德国东部城市重建及经济结构转型的成功范例。该地区曾是采矿、炼钢重工业区以及东德重要的工业中心。1989年柏林墙倒塌后，萨克森州开始建立市场经济，因其传统的苏联和东欧出口市场崩溃，又面临西德企业强烈竞争，当地工业几乎完全停滞。在转型伊始，德累斯顿政府制定了发展半导体工业、制药工业、机械与汽车工业的经济促进计划，并且大规模重建了基础设施。经过20多年的发展，目前这三个行业成为当地经济的三个主导部门。特别是政府的半导体工业经济促进计划吸引了AMD、英飞凌、大众汽车、空中客车、日本凸版等公司在此投资，在竞争与合作中不断产生本地蜂鸣，并进一步与当地丰富的科研机构、大学等协同合作推进本地半导体产业技术创新网络的建立与成熟，同时推进德累斯顿地区融入全球半导体及相关产业链和价值链。目前，德累斯顿及其周边的萨克森地区已经发展成为涵盖电子和微电子领域的信息及通信技术集群"萨克森硅谷"（Silicon Saxony），成为德国硅谷和欧洲硅谷的中心。

美国俄亥俄州的阿克伦因轮胎和橡胶工业发达，曾在20世纪20年代初成为"世界橡胶之都"，是费尔斯通、固特异、普利司通等世界轮胎巨头的大本营，曾是底特律汽车制造业供应链中的关键环节，同时因为铁路枢纽成为区域产品如中西部谷物的集散中心。在20世纪下半叶，随着制造业工厂及大部分供应链的迁出，阿克伦经济急剧下滑。同时，阿克伦大学一直是聚合物研究领域的领导者，设有独立的高分子专业，其高分子科学与聚合物工程学院是美国最大的聚合物学术研究机构，被公认为全球最重要的聚合物专业知识中心。21世纪以来，阿克伦制定了"阿克伦模式：大学作为经济增长的引擎"城市复兴计划，充分利用区域聚合物领域的知识和人才基础，以阿克伦大学作为各类创新主体本地蜂鸣的最初汇聚之所，通过大学与企业、研究机构、社会组织等主体之间广泛合作构建创新网络，同时成立各种新型开放的研究机构，不断吸引外部资本进入，在前沿研究中不断涌现新技术和新工艺，并在本地逐渐孕育出具有代表性的科技企业，成功推进了区域优势产业的转型升级与区域经济的高质量发展。目前阿克伦地区已成为聚合物行业的全球领先者。

二、科技创新引领经济高质量发展的关键抓手

科技创新是经济高质量发展的动力源泉。政府战略引导与市场作用推动二者之间相互依存互为补充，双轮驱动推动科技创新与经济高质量发展的融通融合，形成科技创新转化为社会生产力、经济产业需求牵引科技创新的高质量发展良性循环，同时通过网络化创新组织体系、创新型产业集群、新型研发机构、综合性政策体系等关键抓手，加快实现科技创新引领下的经济高质量发展（见附图1-1）。

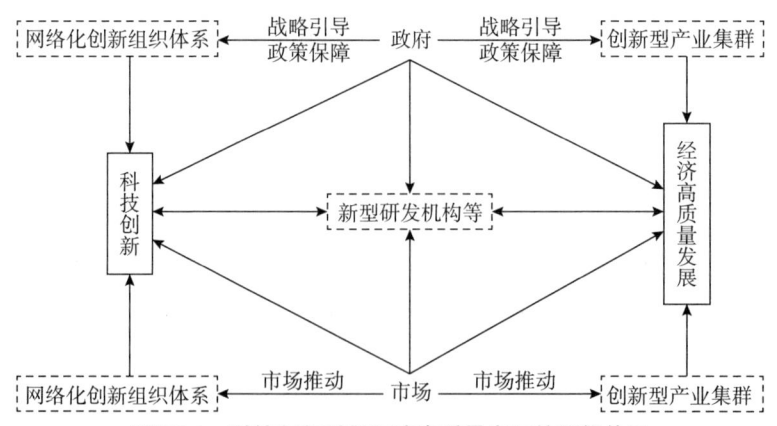

附图1-1 科技创新引领经济高质量发展的逻辑体系

其中，政府主要通过出台科技创新战略、支持战略性科技计划、构建国家创新体系、制定保障政策等方面发挥统筹引导作用，加快加强学术研究界与产业界的跨界融合。2006年，德国政府首次提出高科技战略计划，重点革新科研政策，涵盖健康、通信及交通、前沿科技三大领域，并首次提出产业集群战略。2007年，高科技战略进一步扩展到环境保护领域。2010年，高科技战略计划的重点从单纯技术领域转移到需求领域，从需求角度寻找最佳解决方案，应对全国挑战。2014年，高科技战略主旨修订为应对全球挑战，使德国成为世界科技创新的领导者，并且内容扩展到数字经济及社会等6大领域，其中包括"工业4.0"。2018年9月，德国联邦政府出台"高科技战略2025"，旨在加大促进科研和创新，加强德国核心竞争力，保证可持续发展。2019年11月，德国正式发布《国家工业战略2030》，总体目标在于稳固并重振德国经济和科技水平，保持德国工业在欧洲和全球竞争中的领先地位；内容涉及完善德国作为工业强国的法律框架、加强新技术研发和促进私有资本进行研发投入、在全球范围内维护德国工业的技术主权等，展示出"确保（德国工业）未来繁荣和就业的综合概念"。欧盟也通过具有连续性的框架计划和创新战略加强学术研究界与产业界的跨界融合，通过突出强调技术成果转化与扩散，引导面向应用与提升竞争力的研发活动布局。美国政府通过国防部（DOD）、能源部（DOE）、国立卫生研究院（NIH）等任务导向部门，资助基础性、战略性科技计划，通过美国国家科学基金会（NSF）支持面向前沿探索性的基础研究；在支持面向前瞻性、战略性和非竞争性产业发展时，美国通过制造业创新网络计划（NNMI），在全美建立了15个制造业创新研究所（IMIs），聚集工业界、学术界（包括大学、社区学院、技术研究机构等）、联邦实验室、联邦政府、州政府、地方政府等利益相关者共同构建创新生态系统以应对先进制造业流失的挑战、培育发展新兴高端制造业。

（一）网络化创新组织体系：强化科技创新的供给能力

新一轮科技革命和产业变革带来创新主体、创新方式的全方位改变，使创新向开放性、平台性和协同性创新转变。跨主体、跨领域、跨集群、跨区域的开放、合作、共享成为全球创新的重要特点。以主体多元化、领域跨界化、结构扁平化、组织开放化为主要特征的网络组织模式，成为能够有效推动实施创新发展战略、构建协同创新共同体、实现多维网络化协同创新的创新组织模式[①]。区别于市场和政府主要基于竞争机制，网络组织模式基于合作机制，具有活性结点的网络联结结构、信息流驱动特征和协作创新机制，具有自相似、自组织、自学习与动态演进等特征，有助于超越组织、部门、行业、技术、地域等边界，推动跨主体、跨组织、跨领域、跨区域形成多维网络化协同创新共同体。同时，在区域主导科技产业集中集聚集群化发展过程中，及时建立集群组织[②]、技术联盟等网络化协作组织，充分发挥其在促进创新要素聚集、提升创新组织效率、构建创新协作网络中的重要枢纽作用。这类网络化协作组织拥有强大的多组织包容性、创新活力、地方根植性，是政府与市场、社会高度合作的创新促进机构。

有效推进公私部门协作、各主体共融共生的网络组织模式已成为德国、美国等在国家层面实施创新发展战略以及建立国家创新网络的重要手段。20世纪末期以来，德国、美国、日本等发达国家各级政府

---

① 赵璐.网络组织模式下中国产业集群发展路径研究——发达国家产业集群发展的经验启示[J].科技进步与对策, 2019 (7): 56–60.
② 赵璐, 赵作权.培育世界级先进制造业集群要以组织变革为核心[J].国家治理, 2018 (25): 20–24.

多尺度多维度的创新发展战略引导、市场激励与制度规范，通过网络化创新组织模式有力有效地推动了产业界、学术界、政府、社会组织等多元主体的协同合作，形成了多元化、共生化、网络化的治理结构，提升了创新驱动发展的动能及组织效率，充分发挥了空间集聚、创新网络等经济高质量发展动力的推进作用。美国2012年以建立国家制造业创新研究院的方式推进国家先进制造业创新网络建设，通过与产业界、学术界、非营利组织、州政府等合作，投资并促进尖端制造技术的发展。每个创新研究院由一个非营利组织独立运行。并且，制造业创新网络的每个结点既具有活性又具有互动性，即每个创新研究院既是整个创新网络的连接源，更是网络化连接的放大器。此外，在区域层面，网络化创新组织模式也对提升区域创新能力和推动区域经济高质量发展发挥了重要作用。德国德累斯顿、美国阿克伦等地区均通过集群组织、联盟等网络化协作组织整合集聚在同一地区、同一产业相互竞争企业的创新资源，与相邻的大学、研究机构等主体一起开展研发合作和国际合作，加强产业与科技之间的纵横对接，促进典型"锈带"成功转变为创新中心，继而加速创新要素聚集，实现了科技创新引领下的资源型经济转型与高质量发展。

（二）创新型产业集群：强化产业发展的技术创新需求

集群是创新的重要空间载体。同时，创新型产业集群已成为一种新的区域治理模式，是提升国家创新能力、引领全球竞争格局的区域根基[1]。充分把握世界新一轮科技革命和产业变革及我国经济优化升级的全球及全国趋势，以培育和发展创新型产业集群为导向，聚焦主

---

[1] 赵璐.推动创新型产业集群发展的四个着力点[J]. 科技中国, 2020 (6): 4–7.

导优势科技产业作为区域经济高质量发展的磁极，形成主导科技产业技术体系，通过关键技术突破激发创新驱动发展的新动能，并加快创新要素的集中集聚集约发展，推动单一线性的个体创新转变为多维网络化的集群创新，形成有竞争力的增长极以及创新经济集聚发展的新局面，强势引领带动经济和产业格局的深度调整。

2017年起全球创新指数报告（GII）即把区域创新集群作为评价国家/区域创新发展水平的关键指标之一。德国、美国、日本等发达国家自20世纪末期开始将创新/产业集群作为提升国家创新能力和国际竞争力的主要手段，各国各级政府多尺度多维度的集群战略引导、市场激励与制度规范有力有效地推动了产业界、学术界、政府、社会组织等多元主体的协同合作以及区域创新型产业集群的发展成熟，并且形成了"政府—市场—集群组织"多元网络治理模式，包含层级治理、市场治理和网络治理的特征，能够有效整合和协调类型各异、数量众多的主体形成多元化、共生化、网络化的治理结构，充分发挥空间集聚、创新网络等经济高质量发展动力的推进作用[1]。例如，德国联邦政府集群策动活动始于1995年，相继启动了三个产业集群计划，分别通过产业集群发展逐步推进单一产业快速崛起、多产业多区域协调发展以及合作网络构建；2006年提出全国高科技战略计划，创立了第一项横跨联邦所有部门的、推动产业界和学术界融合发展的集群战略，集群化发展成为德国科技战略的核心内容；2007年推出"尖端集群竞争计划"，开始打造世界级竞争力集群；2014年提出高技术创新战略，并将"工业4.0"计划纳入高技术创新战略，同时将创新集群作为推进"工业4.0"计划的重要途径。德国各级政府共同有效推

---

[1] 赵璐.网络组织模式下中国产业集群发展路径研究——发达国家产业集群发展的经验启示[J].科技进步与对策, 2019 (7): 56–60.

动了德国面向全球合作的集群化协同创新网络的建立以及若干个世界级竞争力集群的崛起——联邦政府在国家层面强调建立本地技术创新网络、网络化协作组织以及全球合作创新网络等，同时各州政府也在积极制定集群导向的区域创新战略和创新计划。目前，德国产业集群发展全球领先，并已形成了若干个具有世界级竞争力的创新型产业集群。与此同时，德累斯顿区域等资源型地区成功转变为创新中心，继而促进创新要素加速聚集，发展形成了位列德国领先集群之一的"冷硅（Cool Silicon）"集群，在"政府—市场—集群组织"多元网络治理模式下共同实现了科技创新引领下的资源型区域经济转型与集群化高质量发展。

集群化发展已成为新时代下我国实施创新驱动发展战略以及经济高质量发展的重要抓手。我国国家创新驱动发展战略将"成长起一批具有国际竞争力的产业集群"作为重要突破方向。党的十九大报告明确要求"促进我国产业迈向全球价值链中高端，培育若干世界级先进制造业集群"。科技部和工信部分别于2013年、2014年开始推进创新型产业集群试点、产业集群区域品牌建设试点等相关工作。发展改革委2019年在新一代信息技术、高端装备、新材料、生物医药、节能环保等领域明确了第一批66个国家战略性新兴产业集群。工信部2019年在新一代信息通信、人工智能、软件和信息服务等方向招标候选出了第一批33个先进制造业集群。同时，集群化发展也已成为新时代下区域层面提升协同创新水平及经济发展水平的重要方向。《粤港澳大湾区发展规划纲要》明确指出，构建具有国际竞争力的现代产业体系，培育若干世界级产业集群。《长江三角洲区域一体化发展规划纲要》明确指出，构建区域创新共同体，推动重大科技基础设施集群化发展，同时，加强产业分工协作，按照集群化发展方向,打造全国先进制造业集聚区。

(三)新型研发机构:强化科技创新与产业发展的连接转化

新型研发机构是我国科技创新与产业发展融合的新载体,具有投入机制新、人才机制新、激励机制新和组织机制新的"四新"特征。新型研发机构自身有望成为实现双向反馈机制的功能载体和制度领域。它对于政策研究与实践的启示在于,相较于传统的公共政策,新型研发机构的政策框架呈现出链条化、体系化特征,它贯通了从科技到产业发展的完整创新活动,形成了促进科技创新与产业发展有效融合的内在机制。

2019年我国科技部印发《关于促进新型研发机构发展的指导意见》(国科发政〔2019〕313号)指出:"新型研发机构是聚焦科技创新需求,主要从事科学研究、技术创新和研发服务,投资主体多元化、管理制度现代化、运行机制市场化、用人机制灵活的独立法人机构,可依法注册为科技类民办非企业单位(社会服务机构)、事业单位和企业。""促进新型研发机构发展,要突出体制机制创新,强化政策引导保障,注重激励约束并举,调动社会各方参与。通过发展新型研发机构,进一步优化科研力量布局,强化产业技术供给,促进科技成果转移转化,推动科技创新和经济社会发展深度融合。"近年来,我国在一些地方试行创建的新型研发机构在这一方面做出了积极探索和创新体制机制的尝试。例如,江苏省整合创新资源,建立了江苏省产业技术研究院、江苏省(昆山)工业技术研究院、江苏省(苏州)纳米产业技术研究院等新型研发机构;广东省超前部署了深圳光启高等理工研究院、华大基因研究院等新型研发机构,同时开展了产业技术的研发和供给,通过不同的激励机制与研究机构和企业进行合作,以及深度整合国际资源。

专栏7　　　　　　　江苏省产业技术研究院

2013年12月，江苏省委、省政府决定成立江苏省产业技术研究院（以下简称"研究院"）。作为科技体制改革的"试验田"，研究院定位于科学到技术的转化环节，旨在通过体制机制创新，打通从科技强到产业强的通道，为江苏产业转型升级和未来产业发展持续提供技术支撑，助推经济高质量发展。经过持续的改革实践，截止到2018年，研究院已拥有42家专业研究所（加盟研究所23家，引进国际团队新建研究所19家），各类研发人员近6000人，年均转化成果1000项，年均衍生孵化企业100家。

研究院主要承担两个桥梁作用：一是大学（科学院）与工业界的桥梁。研究院着力于产业技术研发，不与高校争学术之名、不与企业争产品之利，根据企业技术需求，将高校基础研究成果转化为应用技术，助推企业转型升级。二是全球创新资源与江苏的桥梁。通过与国际高校研发机构建立战略合作关系、建设海外平台等方式，集聚国际创新资源落地江苏。

在组织架构上，由院本部与专业研究所、企业联合创新中心共同构成。院本部专注于创新资源引进、专业研究所建设、重大研发项目组织等；研究所专注于产业技术研发、成果转化、企业孵化等，实行动态管理；企业联合创新中心与细分行业龙头企业共建，负责征集提炼企业愿出资解决的真正技术需求。

研究院通过构建三个"生态体系"，积极改革举措，打通创新外部源头，理顺创新内在流程，营造创新生态环境，为科技体制改革提供了试点示范。

1.产业技术创新体系。研究院致力于打造技术创新体系，即在创新资源端，与世界顶级高校和研发机构建立战略合作关系集聚全球创新资源；在技术需求端，与细分领域的龙头企业建立联合创新中心征集提炼企业愿意出资解决的关键技术需求；在研发载体端，研究院布局建设一批专业技术研究所，共同构成技术创新体系。一方面，根据征集的企业技术需求，研究院通过组织专业研究所和引进全球创新资源给予研发支持；另一方面，创新人才团队带技术项目在专业研究所二次开发和技术孵化，成熟后创办企业或向企业转移。

2.产业技术供给体系。首先，通过建设专业技术研究所，自主开展原创性技术研发，为产业转型升级和未来产业发展持续提供技术支撑。其次，研究院引进技术和引进国际研发公司，广泛集聚国际创新资源，实现创新成果二次开发，具体方式为设立海外代表处、聘请产业高级顾问、与国际知名高校及研发机构合作引进技术。最后，打造产业技术供给体系，引进一批以技术研发与转化、提供技术解决方案和技术服务为主营业务的国际研发公司。目前已分别与丹麦托普索公司、荷兰Sioux集团和英国TWI公司合作成立联合研发中心。

3.研发产业生态体系。按照"研发作为产业、技术作为商品"的理念，研究院从空间、政策和人才三个方面营造环境，构建促进产业技术研发与转化的创新生态体系。目前，与苏州市共建了长三角国际研发社区启动区，是第一个以集聚各类产业技术研发机构、建设区域技术辐射中心为使命的专业研发产业园。园区规划建设5家新型研发机构，引进100家高端研发公司，培育及衍生孵化1000家左右高技术公司；针对研发型企业，开展身份认定，研究出台促进研发型企业发展的系列政策，制定企业所得税、个人所得税、研发设备进口税等优惠政策。2018年8月，江苏省委省政府出台了"科技改革30条"政策，明确开展研发型企业认定；鼓励工程类高校将企业工作经验设为教师基本任职资格，鼓励企业工作经验的专家到大学担任产业教授。研究院专业研究所与国际知名高校开展人才培养计划，以在海外联合开展项目研究为依托，项目成功后，人才与成果到江苏实施转化。

（四）综合性政策体系：强化政产学研用协同合作的保障条件

创新系统化、区域一体化必然要求科技创新治理体系系统化。科技创新引领经济高质量发展的关键是提升区域创新体系的整体效益。发挥政府和市场的作用，把科技政策和产业政策整合为内在统一的创新政策，是将制度优势转换为治理效能、促进科技创新与产业发展深度融合的充分外部条件。打造将科技政策和产业政策整合起来的政策组合，协同推进科技与经济、教育、人才、社会、文化、生态等体制机制改革，积极推进政策创新，对科技创新过程中涌现出的有利于经济高质量发展的新技术、新产业、新业态、新模式给予及时、有力、有效的支持，全面提升劳动力、知识、技术、管理、资本、信息等要素的供给质量与效率。同时，拓展科技创新治理的社会参与机制，发挥各类新型研发机构、行业协会、基金会、科技社团等在创新推动中的作用。此外，知识共享、人力资源池和公共资源的服务强度等也是新时代下推进科技创新引领经济高质量发展过程中需要关注的重要问题。

附录二　关于内蒙古到 2025 年科技创新主要目标测算的说明[①]

中国科学院科技战略咨询研究院课题组在开展"科技创新引领内蒙古经济高质量发展研究"课题研究中,对内蒙古到 2025 年科技创新主要目标进行了测算,本附录是对测算方法的说明。

一、测算依据

到 2025 年内蒙古科技创新主要目标的测算,依据中国科学技术发展战略研究院编制的《中国区域科技创新评价报告》。该报告紧扣科技管理工作,评价指标与区域科技管理、科技规划制定、科技发展目标密切相关,基本囊括了区域科技规划和发展目标的主要指标。内蒙古"十三五"科技创新规划中的多项指标源自该报告。因此,本次测算将其作为指标和数据的主要来源,数据时间是自党的十八大以来的 5 年(2012—2016 年)。

---

① 本文作者为中国科学院科技战略咨询研究院刘志鹏、沈华。编写时间为2018年,后续进行了部分更新。

区域科技创新评价指标体系由科技创新环境、科技活动投入、科技活动产出、高新技术产业化和科技促进经济社会发展5个一级指标构成，内含10个二级指标和39个三级指标。区域科技创新评价指标框架见附图2-1。

良好的外部环境是科技创新的重要条件，科技活动投入是科技创新的原动力，科技活动产出是科技创新水平的直接体现，高新技术产业化是科技成果转化为生产力的突出表现，而科技创新的最终目标是促进经济社会发展。5个指标相辅相成，联动互生，构成区域科技创新的整体系统。

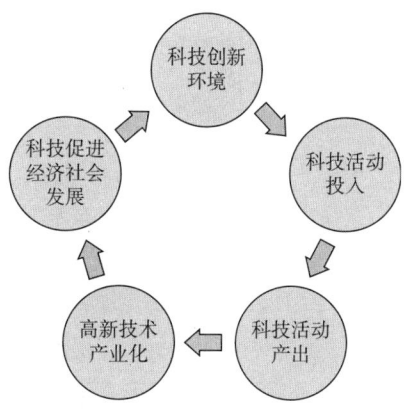

附图2-1　区域科技创新评价指标框架

二、测算目标

关于内蒙古到2025年科技创新主要目标的选择，沿袭区域科技创新评价指标框架，对其细分指标进行了相应调整和精简。指标调整和精简主要考虑两个原则：一是该指标必须与内蒙古科技创新的实际需求紧密相关，全国排名相对靠前的指标可以不予保留，全国排名相对靠后的指标需要给予重点关注；二是该指标反映的内容需与其他指标互斥，否则不予保留或与其他指标合并。本部分第二点解释了各指标保留或删减的原因。

（一）内蒙古科技创新指标体系

基于以上考虑，我们制定了内蒙古到 2025 年科技创新的指标体系。一级指标为科技创新环境、科技活动投入、科技活动产出、高新技术产业化和科技促进经济社会发展 5 个要素。二级指标共 10 个，具体指标及其内涵见附表 2-1。

附表2-1　　　　　　　　内蒙古科技创新指标体系

一级指标	二级指标	指标内涵
科技创新环境	十万人累计孵化企业数（个）	科技企业孵化器是以促进科技成果转化、培养高新技术企业和企业家为宗旨的科技创业服务载体，其累计孵化企业数是科技创新环境的重要体现
	有R&D活动的企业占比重（%）	企业是创新的主要场所，是新技术应用的主要用户。因此，有R&D活动的企业占比可以反映一个地区技术创新活动的活跃程度
科技活动投入	R&D经费支出与GDP比值（%）	R&D经费支出与GDP比值是衡量国家或地区科技投入强度最为重要、最为综合的指标
	企业R&D经费支出占主营业务收入比重（%）	企业R&D经费支出占主营业务收入比重是衡量企业科技经费投入的重要指标
	地方财政科技支出占地方财政支出比重（%）	地方财政科技支出占地方财政支出比重是衡量地方政府科技投入力度的重要指标
	万人研究与发展（R&D）人员数（人年）	万人R&D人员是R&D人员与人口（万人）的比值。万人R&D人员是反映科技创新人力资源水平的主要指标
科技活动产出	万人发明专利拥有量（件）	专利的数量是反映一国或一地区科技活动质量的重要指标，发明专利的数量又是其中更为重要的指标。万人发明专利拥有量指的是在某一时点上发明专利的存量
高新技术产业化	高技术产业增加值占工业增加值比重（%）	高技术产业增加值占工业增加值比重，反映了科技创新对产业结构的优化程度
	知识密集型服务业增加值占生产总值比重（%）	知识密集型服务业包含信息传输、软件和信息技术服务业，金融业，租赁和商务服务业，科学研究和技术服务业。从服务业角度反映产业结构的优化程度

续表

一级指标	二级指标	指标内涵
科技促进经济社会发展	新产品销售收入占主营业务收入比重（%）	企业销售新产品实现的销售收入，反映技术创新的经济效益。新产品是指采用新技术原理、新设计构思研制、生产的全新产品，或在结构、材质、工艺等某一方面比原有产品有明显改进，从而显著提高了产品性能或扩大了使用功能的产品

（二）各指标保留或删减的原因

（1）万人研究与发展（R&D）人员数（保留）

R&D 人员是指参与研究与试验发展项目研究、管理和辅助工作的人员，包括项目（课题）组人员、科技行政管理人员和直接为项目（课题）活动提供服务的辅助人员。

R&D 人员是科技创新最为重要的人力资源之一。2016 年内蒙古该指标值为 15.86 人年，相比全国平均 28.92 人年仍有明显差距，未来需要提升的空间仍然很大。

（2）万人大专以上学历人数（删减）

大专以上学历人数来源于政府统计部门的人口调查。科技人力资源与国民的受教育水平密切联系，万人大专以上学历人数是反映科技人力资源水平的重要指标。

2016 年内蒙古该指标值为 1827.95，该指标并非内蒙古目前需要紧迫发展的指标，不予保留。不过，专业技能人才是内蒙古急需的人才之一，但是内蒙古大专以上学历人数相对较高，却在某种程度上反映出可能存在的几个问题：一是虽然大专以上学历人数相对较高，但仍然满足不了内蒙古的需求，二是这些人才的专业技能多数与内蒙古需求不匹配，三是这些人才的能力没有得到充分发挥。

（3）万人高等学校在校学生数（删减）

高等学校职责重在教育和基础研究，高等学校在校生不属于专业技术人员，对促进经济发展的科技创新的作用相对间接，该指标不予保留。

（4）十万人博士毕业生数（删减）

一般来说，博士研究成果以基础研究为主，对促进经济发展的科技创新的作用相对间接，该指标不予保留。

（5）十万人创新中介从业人员数（删减）

创新中介又称为科技中介、创新中介服务，依据联合国教科文组织《关于科技统计国际标准化建议案》，创新中介是指与R&D活动相关并有助于科学技术知识的产生、传播和应用的活动，是现代服务业的重要组成部分。创新中介从业人员数采用全国科技企业孵化器管理机构从业人员数、国家大学科技园管理机构从业人员数和国家级示范生产力促进中心人员三项合计数。

未保留该指标的原因如下：一是该指标是2016年新出现的指标，统计规范性仍待检验；二是经过调研了解到，内蒙古中介服务供大于求；三是创新服务中介围绕创新企业展开，是一个相对处于附属地位的指标，该指标会随创新创业活动的涨落而变动。

（6）每名R&D人员研发仪器和设备支出（删减）

该指标来源于《中国科技统计年鉴》中研究与开发机构、工业企业、高等学校R&D经费内部支出中的仪器和设备支出之和除以R&D活动人员数。该指标能够在R&D经费中体现，此外，2016年内蒙古每名R&D人员研发仪器和设备支出5.67万元，该指标并非内蒙古需要急迫发展的指标，不予保留。

（7）科学研究和技术服务业新增固定资产占比重（删减）

该指标指的是科学研究和技术服务业新增固定资产占全社会新增固定资产的比重，其能够在R&D经费中部分体现，不予保留。

（8）十万人累计孵化企业数（保留）

该指标来源于《中国火炬统计年鉴》中全国科技企业孵化器孵化企业累计毕业数。

科技企业孵化器是以促进科技成果转化、培养高新技术企业和企业家为宗旨的科技创业服务载体，其累计孵化企业数体现本地创新能力、对外部创新能力的吸引力及其自身服务能力。2016年内蒙古十万人累计孵化企业数为2.88个，是亟待提升的指标。

（9）万名就业人员专利申请数（删减）

虽然专利申请是授权的前提，但是强调专利申请容易形成评价误导，更应该重视专利授权及有效专利数量。因此，该指标不予保留。

（10）科学研究和技术服务业平均工资比较系数（删减）

科学研究和技术服务业工资水平可以通过"R&D经费支出与GDP比值"与"地方财政科技支出占地方财政支出比重"来体现，不予保留。内蒙古相关科技人员也反映了科技人员工资低、人才引进优惠政策不能兑现的问题。科技人员工资水平是吸引科技人员的重要方面，需要认真对待。

（11）万人吸纳技术成交额（删减）

2016年内蒙古万人吸纳技术成交额为637.79万元，2015年该指标值为799.34万元。内蒙古在此方面排名相对靠前，但是该指标波动较大，然而创新意识或能力却难以在短期内出现大的变化，因此该指标对于反映内蒙古科技创新水平来说不是一个适宜指标，不予保留。

（12）有R&D活动的企业占比重（保留）

2016年内蒙古有R&D活动的企业占比为9.66%，对比全国平均水平22.95%，反映出内蒙古企业的创新意识和水平较低，而企业作为创新主体，也反映出内蒙古整体创新水平较为落后，是内蒙古亟待提升的指标。

（13）万人R&D研究人员数（删减）

研究人员是R&D活动人员的一部分，已在指标"万人研究与发展（R&D）人员数"中有所反映，不予保留。

（14）企业R&D研究人员占比重（删减）

该指标指的是企业R&D研究人员占全社会R&D研究人员比重。2016年内蒙古企业R&D研究人员占比重为64.97%，并非内蒙古亟待改善的指标，不予保留。但是内蒙古"万人研究与发展（R&D）人员数""有R&D活动的企业占比重"2个指标水平较低，反映内蒙古科技创新的整体规模较小，主要创新活动集中在少数企业。

（15）R&D经费支出与GDP比值（保留）

该指标是衡量国家或地区科技投入强度最为重要、最为综合的指标。2016年内蒙古R&D经费支出与GDP比值是0.79%，远低于全国平均水平2.06%，是内蒙古未来亟待发展的指标。

（16）地方财政科技支出占地方财政支出比重（保留）

该指标是衡量地方政府科技投入力度的重要指标。2016年内蒙古地方财政科技支出占地方财政支出比重为0.72%，全国平均水平是2.42%。内蒙古财政科技支出规模一直较低，是内蒙古亟待改善的重要指标。

（17）企业 R&D 经费支出占主营业务收入比重（保留）

该指标是衡量企业科技经费投入的重要指标。2016 年内蒙古企业 R&D 经费支出占主营业务收入比重是 0.63%，全国平均水平是 0.94%，亟待改善。

（18）企业技术获取和技术改造经费支出占企业主营业务收入比重（删减）

企业技术获取和技术改造经费支出包括技术引进经费支出、消化吸收经费支出、技术改造经费支出和购买国内技术经费支出。该指标与"企业 R&D 经费支出占主营业务收入比重"一样，也是衡量企业创新能力和创新投入水平的重要指标，为避免对同一方面的过度强调，不予保留。

（19）万人科技论文数（删减）

科技论文数是由国外主要检索工具 SCI 收录的我国科技论文数和中国科学技术信息研究所从国家期刊管理部门批准正式出版、公开发行的刊物中选作统计源的期刊刊载的学术论文进行统计而得出的加权平均数。该指标反映的是基础研究水平，而基础研究对于内蒙古经济发展的作用是不确定性的，而且效益在中短期内难以体现。对于内蒙古来说，当务之急是通过创新引领经济转型，需要更加重视应用研究、技术创新和转化。因此该指标不予保留。

（20）获国家级科技成果奖系数（删减）

国家级科技成果奖包括国家发明奖和国家科学技术进步奖。重大发明创新需要较高的研究水平和长期积累，该指标可以作为内蒙古部分产业或领域的目标，但是对于内蒙古目前的科技创新的整体水平和需求来说，该指标并非十分紧迫，不予保留。

（21）万人发明专利拥有量（保留）

专利的数量是反映一国或一地区科技活动质量的重要指标，发明专利的数量又是其中更为重要的指标。2016年内蒙古万人发明专利拥有量为1.5件，反映了内蒙古目前薄弱的技术创新能力，是亟待改善的重要指标。

（22）万人输出技术成交额（删减）

该指标反映技术成果盈利情况，与"万人发明专利拥有量"指标是一体两面，不予保留。

（23）万元生产总值技术国际收入（删减）

技术国际收入主要指的是通过向他国转让专利、非专利发明、商标等知识产权，提供R&D服务和其他技术服务而获得的收入。该指标与"万人输出技术成交额"反映同一方面，不予保留。

（24）高技术产业增加值占工业增加值比重（保留）

高技术产业增加值按照国家统计局国统字〔2013〕55号文件制定的《高技术产业统计分类目录》方法统计。高技术产业是技术创新活动密集的产业，高技术产业增加值占工业增加值比重反映了科技创新对产业结构的优化程度。2016年内蒙古该指标值为3.95%，明显低于全国平均水平14.98%，是内蒙古亟待改善的指标。

（25）知识密集型服务业增加值占生产总值比重（保留）

知识密集型服务业来源于《OECD科学技术和工业记分牌》。我国"十三五"规划将知识密集型服务业定义为我国国民经济行业分类（GB/T4754—2011）中的信息传输、软件和信息技术服务业，金融业，租赁和商务服务业，科学研究和技术服务业。知识密集型服务业是服务业中科技创新活动密集的产业，是对"高技术产业增加值占工业增加值比重"的补充。2016年内蒙古该指标值为9.7%，明显低于全国平均水平16.09%，是内蒙古亟待改善的指标。

（26）高技术产品出口额占商品出口额比重（删减）

高技术产品出口额是根据海关总署《高技术产品目录》从商品出口额中分离出的数据，按原产地进行统计。高技术产品出口额占商品出口额比重是高技术产业发展水平的一个方面，与指标"高技术产业增加值占工业增加值比重"反映的内容重复，不予保留。

（27）新产品销售收入占主营业务收入比重（保留）

新产品销售收入是按国家统计局规模以上工业企业科技活动统计指标中新产品的定义统计的销售收入，与主营业务收入比较可以反映我国工业企业产品创新对主营业务收入的影响。2016年内蒙古该指标值为3.85%，明显低于全国平均水平15.07%，是内蒙古亟待改善的指标。

（28）高技术产业劳动生产率（删减）

高技术产业劳动生产率为高技术产业增加值与高技术产业就业人员之比，反映了高技术产业劳动投入与产出之间的关系。2016年内蒙古该指标值为48.34万元，明显高于全国平均水平，并非内蒙古亟待改善的指标，不予保留。

（29）高技术产业增加值率/高技术产业利润率（删减）

增加值率是反映附加价值水平的重要指标。2015年内蒙古该指标值为44.73%，明显高于全国平均水平，并非内蒙古亟待改善的指标，不予保留。另外，高技术产业利润率是指高技术产业利润总额与高技术产业主营业务收入的比率，该指标在2018年的报告中替代了"高技术产业增加值率"指标，可以反映高技术产业的质量，但是从"高技术产业增加值占工业增加值比重"中可以看出，内蒙古高技术产业规模较小，由于高技术产业本身是科技创新活动较为密集的产业，规模问题对内蒙古更为重要，因此，高技术产业利润率指标也不予保留。

（30）知识密集型服务业劳动生产率（删减）

知识密集型服务业劳动生产率为知识密集型服务业增加值与知识密集型服务业就业人员之比，反映了知识密集型服务业劳动投入与产出之间的关系。2016年内蒙古该指标值为73.18万元，明显高于全国平均水平，并非内蒙古亟待改善的指标，不予保留。

（31）劳动生产率（删减）

劳动生产率为生产总值与就业人员之比。2016年内蒙古该指标值为17.03万元，明显高于全国平均水平，并非内蒙古亟待改善的指标，不予保留。

（32）资本生产率（删减）

资本生产率反映的是资本投入与经济产出之间的关系，即生产总值与资本投入之比。反映资本投入的指标为固定资本形成存量净额，由各地区基年（1952年）的固定资本形成存量净额、每年的固定资本形成和折旧额，用永续盘存法求得。该指标不能直接获取，实际上是结果性指标，未能明确改善方向，不予保留。

（33）综合能耗产出率（删减）

内蒙古能源较为丰富，综合能耗产出率并非十分急迫的指标。此外，与"资本生产率"一样，该指标不能直接获取，除科技创新外，管理方式和能源使用方式的改进也会产生影响，未能明确改善方向，不予保留。

（34）装备制造业区位熵（删减）

装备制造业区位熵是将地区装备制造业占比重放在全国角度进行判断，即地区装备制造业所占比重与全国装备制造业所占比重的比较。

该指标仅强调单一产业，而且是合成指标，难以直接获取，不予保留。

（35）环境质量指数（删减）

2016年内蒙古该指标值为51.5%万元，高于全国平均水平，并非内蒙古亟待改善的指标，不予保留。

（36）环境污染治理指数（删减）

环境的改善体现为废水、废气和固体废物的治理。该指标可以通过管理手段实现，与科技创新之间的关联不是很紧密。另外，内蒙古该指标的年度波动较大，也反映出该指标不适宜指导科技创新。因此，不予保留。

（37）万人国际互联网上网人数（删减）

国际互联网的发展是科技发展直接的成果和体现。国际互联网上网人数采用的是工信部统计并公布的数据（原为国际互联网络用户数）。2016年内蒙古该指标值为5265.27人，当万人国际互联网上网人数达到5000人时，即基本上达到每户居民都可以上网的水平。因此，该指标不予保留。

（38）信息传输、软件和信息技术服务业增加值占生产总值比重（删减）

信息传输、软件和信息技术服务业作为信息产业的重要载体，是知识密集型服务业的重要组成部分。指标"知识密集型服务业增加值占生产总值比重"已能反映该指标内容，因此，该指标不予保留。

（39）电子商务消费占最终消费支出比重（删减）

该指标以"万人国际互联网上网人数"为前提指标，随着万人国际互联网上网人数的增加，电子商务消费占最终消费支出比重也会相应上升。因此，该指标不予保留。

三、测算方法

本书所选择的指标对当前内蒙古科技创新来说，均为正效应指标，即数值越大越好。这些指标均是内蒙古未来需要着重发展的方向，即应该在未来呈现上升趋势。为提高预测的科学性和准确性，我们选取了多种方法，然后以R&D经费支出占GDP比重作为案例进行测算，对各种方法进行对比分析，以选择合适的方法。

（一）常用的测算方法

参考分析预测常用的方法，这里主要采用移动平均和回归分析方法，其中回归分析包括四种细分方法见附表2-2。

附表2-2　　　　　　　　五种测算方法比较

测算方法	测算步骤
方法1：内蒙古科技指标历年数据二次移动平均	1）计算内蒙古科技指标历年数据的一次移动平均值、二次移动平均值和相关参数； 2）依据线性模型预测2025年目标值
方法2：内蒙古历年GDP与科技指标进行时间序列回归	1）计算内蒙古历年GDP与科技指标之间的关系（系数a）； 2）预估2025年内蒙古GDP，依据模型，预测2025年目标值
方法3：内蒙古历年人均GDP与科技指标进行时间序列回归	1）计算内蒙古历年GDP与科技指标之间的关系（系数a）； 2）预估2025年内蒙古人均GDP，依据模型，预测2025年目标值
方法4：2016年各省GDP与科技指标进行截面数据回归	1）计算GDP与科技指标之间的关系（系数a）； 2）预估2025年内蒙古GDP，依据模型，预测2025年目标值
方法5：2016年各省人均GDP与科技指标进行截面数据回归	1）计算人均GDP与科技指标之间的关系（系数a）； 2）预估2025年内蒙古人均GDP，依据模型，预测2025年目标值

移动平均是根据时间序列资料、逐项推移，依次计算包含一定项数的序时平均值，以反映长期趋势的方法。一次移动平均方法只适用于呈水平趋势的时间序列，如果现象的发展变化具有明显的上升（或下降）趋势，预测结果就会产生偏低（或偏高）的滞后偏差。二次移动平均方法解决了预测值滞后于实际观察值的矛盾，适用于有明显趋势变动的现象时间序列的预测。因此，我们这里采用二次移动平均方法进行预测。

回归分析是通过确定变量间相互依赖的定量关系，依据自变量确定因变量的预测方法。与移动平均方法仅依靠单一指标或变量的数据不同，回归分析法需要至少两种指标的数据。一般来说，宏观上经济越发达的地区，科技创新水平也比较高，且微观上，企业只有利润水平越高，能够开展科技创新的力度才越大。因此，经济与科技创新之间存在相关与因果关系。我们采用常用的 GDP（或人均 GDP）作为自变量，科技创新指标作为因变量，构建二者之间的回归模型。首先依据历史数据，估计 GDP（或人均 GDP）和科技创新指标之间的系数，然后，通过预测内蒙古 2025 年 GDP（或人均 GDP）来估算 2025 年科技创新指标的目标值。由于自变量既可以选取 GDP，也可以选取人均 GDP；数据既可以采用 2016 年各省的截面数据，也可以采用内蒙古本省的时间序列数据，因此回归分析可以有四种细分方法。具体计算公式如下：

$$Y_t = aX_t + b + \varepsilon \qquad (1)$$

$$X_{2025} = X_t(1+s)^n \qquad (2)$$

$$Y_{2025} = aX_{2025} + b \qquad (3)$$

（二）测算方法比较

本部分以 R&D 强度为例，对几种测算方法进行比较，然后选择适合内蒙古科技创新目标测算的方法。

1. 估算 2025 年内蒙古 GDP 与人均 GDP

在进行回归分析前，需要对 2025 年内蒙古 GDP 与人均 GDP 进行预计，以确定自变量的值，通过与内蒙古相关部门沟通了解到，内蒙古"十三五"后半期 GDP 发展速度由 7.5% 下调到 5.5%。

（1）2025 年内蒙古 GDP 的计算

以 2016 年为基期，2016 年内蒙古 GDP 为 18128.1 亿元，假设 2017 年增长 7.5%，2018 年上半年增长 7.5%，下半年增长 5.5%，即 2018 年平均增速为 6.5%，从 2019 年至 2025 年（共 7 年）增长率为 5.5%，则预计内蒙古 2025 年的 GDP=18128.1×1.075×1.065×$(1.055)^7$=30191.01 亿元。

（2）2025 年内蒙古人均 GDP 的计算

首先计算内蒙古 2007 年至 2016 年的人口年均增速，然后计算内蒙古 2025 年人口数，最后将 GDP 除以人口数得到人均 GDP。经计算得到，内蒙古 2025 年人均 GDP= 114338.3 元。

2. 方法比较与选择

5 种方法的计算过程如下，计算结果见附表 2-3。

方法 1：内蒙古科技指标历年数据二次移动平均

预计内蒙古 2025 年 R&D 强度 =1.07%

方法 2：历年 R&D 强度与 GDP 回归

R&D 强度 = 5.56E−05 × GDP−0.25

预计内蒙古 2025 年 GDP= 30191.01（亿元）

预计内蒙古 2025 年 R&D 强度 =1.43%

方法 3：历年 R&D 强度与人均 GDP 回归

R&D 强度 = 1.52E–05 × 人均 GDP –0.33

预计 2025 年人均 GDP=114338.3（元）

预计内蒙古 2025 年 R&D 强度 =1.40%

方法 4：2016 年各省 R&D 强度与 GDP 回归

R&D 强度 = 2.63E–05 × GDP+ 0.97

预计内蒙古 2025 年 GDP=30191.01（亿元）

预计内蒙古 2025 年 R&D 强度 =1.76%

方法 5：2016 年各省 R&D 强度与人均 GDP 回归

R&D 强度 = 3.74E–05 × 人均 GDP–0.49

预计内蒙古 2025 年人均 GDP=114338.3（元）

预计内蒙古 2025 年 R&D 强度 =3.78%

附表2-3　　　　　　　五种测算方法计算结果对比

系数及目标		方法2	方法3	方法4	方法5	方法1
系数	值	5.56E-05	1.52E-05	2.63E-05	3.74E-05	
	显著性	0.06*	0.07*	0.01**	0.00**	
拟合度		0.73	0.72	0.21	0.69	
2025年R&D强度		1.43%	1.40%	1.76%	3.78%	1.07%
2025年预计值/2016年实际值		1.81	1.77	2.23	4.78	1.35

注：*表示在10%水平上显著，**表示在1%水平上显著。

通过附表 2-3 可以发现，关于 2025 年的估计值，方法 2 和方法 3 计算出的结果比较接近，是 2016 年水平的 1.8 倍左右，方法 4 和方法 5 的结果分别是 2016 年水平的 2.2 倍和 4.7 倍多，与内蒙古实际情况背离较大，方法 1 的结果是 2016 年水平的 1.3 倍左右。

方法 1 是依据内蒙古 R&D 投入强度 2012 ~ 2016 年的平均变化

水平来推算后 9 年的变化，反映 R&D 投入强度自身随时间可能发生的变化。方法 2 和方法 3 是结合内蒙古经济与科技之间的关联，模拟出内蒙古 R&D 强度与 GDP 或人均 GDP 变化的关系。关于方法 4 和方法 5，由于各省对科技投入重视程度不一，R&D 投入强度与 GDP 或人均 GDP 水平之间的关系也并不一致，方法 4 和方法 5 较低的拟合度也可以反映出这种情况。因为内蒙古经济发展是资源驱动型，虽然人均 GDP 较高，但是其科技水平较低，因此过多考虑其他省份情况的方法 4 和方法 5 计算出的结果与内蒙古实际情况背离较大。

综上所述，方法 1、方法 2 和方法 3 测算的结果比较符合内蒙古实际情况，可以作为估算内蒙古 2025 年科技创新目标的方法。由于内蒙古近几年人口变化很小，人均 GDP 变化趋势与 GDP 变化基本一致，因此方法 2 和方法 3 的结果也基本一致。我们在此选择方法 2，更为直接（仅预测内蒙古 2025 年的 GDP 即可，人均 GDP 的估算还需预测人口变化）。另外，在估算未来时，时间越久，准确性越低，因此，为提高精确程度，我们将方法 1 和方法 2 估算的结果分别作为下限和上限，从而得到内蒙古到 2025 年各科技创新指标的取值区间，供决策参考。

四、测算结果

依据方法 1 和方法 2，以及内蒙古各相关指标的历年数据，本部分对内蒙古到 2025 年科技创新的主要目标进行测算，结果见附表 2-4。

附表2-4　　　　　　内蒙古科技创新主要指标测算结果

一级指标	二级指标	内蒙古2016年实际值	对标省份及其2016年排名与指标值	2025年下限预计值	2025年上限预计值
科技创新环境	十万人累计孵化企业数（个）	2.88	河南（14，4.96）	7.8	11.6
	有R&D活动的企业占比重（%）	9.66	山东（18，17.92）	18.4	27.6
科技活动投入	R&D经费支出与GDP比值（%）	0.79	甘肃（17，1.22）	1.07	1.43
	企业R&D经费支出占主营业务收入比重（%）	0.63	陕西（13，0.88）	1.1	1.5
	地方财政科技支出占地方财政支出比重（%）	0.72	海南（21，1.14）	0.7	1.1
	万人研究与发展（R&D）人员数（人年）	15.86	陕西（9，25.37）	20.1	29.7
科技活动产出	万人发明专利拥有量（件）	1.5	河南（22，2.4）	3.3	5.1
高新技术产业化	高技术产业增加值占工业增加值比重（%）	3.95	陕西（20，11.24）	10.2	18.5
	知识密集型服务业增加值占生产总值比重（%）	9.7	黑龙江（21，11.03）	17.5	25.5
科技促进经济社会发展	新产品销售收入占主营业务收入比重（%）	3.85	云南（22，6.2）	5.4	8.0

在测算过程中，有R&D活动的企业占比重、地方财政科技支出占地方财政支出比重、新产品销售收入占主营业务收入比重3个指标在采用方法2计算时，系数没有通过显著性检验，十万人累计孵化企业数仅有3年数据而没有进行回归，因此仅有方法1的结果。此外，对于地方财政科技支出占地方财政支出比重，由于近几年一直在下降，我们此处将维持地方财政科技支出的现有结构水平作为其下限。观察

其他 6 个指标使用两种方法的测算结果发现，方法 2 的结果与方法 1 的结果之比介于 1.3 和 1.8 之间，均值为 1.5，即估算上限约为下限的 1.5 倍。因此，对于空缺上限的 4 个指标，将其下限乘以 1.5，作为目标上限。

通过对比对标省份与下限预计值两列数据可以发现，十万人累计孵化企业数、有 R&D 活动的企业占比重、企业 R&D 经费支出占主营业务收入比重、万人发明专利拥有量、知识密集型服务业增加值占生产总值比重 5 个指标下限预计值高于对标省份 2016 年指标值，因此将其下限预计值调整为对标省份 2016 年指标值。对于下限预计值低于对标省份 2016 年指标值的指标，则不进行调整，各指标上限预计值维持原值。调整后的目标预计值见附表 2-5。

附表 2-5　　内蒙古科技创新主要指标测算调整结果

一级指标	二级指标	内蒙古水平（2016年）	预计2025年下限	预计2025年上限	预计2035年下限	预计2035年上限
科技创新环境	十万人累计孵化企业数（个）	2.88	5.0	11.6	8	14
	有 R&D 活动的企业占比重（%）	9.66	17.9	27.6	25	35
科技活动投入	R&D 经费支出与 GDP 比值（%）	0.79	1.07	1.43	1.3	1.53
	企业 R&D 经费支出占主营业务收入比重（%）	0.63	0.9	1.5	2	3
	地方财政科技支出占地方财政支出比重（%）	0.72	1.2	2.2	2.2	4.2
	万人研究与发展（R&D）人员数（人年）	15.86	20.1	29.7	30	40
科技活动产出	万人发明专利拥有量（件）	1.5	3.3	5.1	5.5	10
高新技术产业化	高技术产业增加值占工业增加值比重（%）	3.95	10.2	18.5	16	24
	知识密集型服务业增加值占生产总值比重（%）	9.7	25	30	30	40

续表

一级指标	二级指标	内蒙古水平（2016年）	预计2025年下限	预计2025年上限	预计2035年下限	预计2035年上限
科技促进经济社会发展	新产品销售收入占主营业务收入比重（%）	3.85	5.4	8.0	10	20

需要说明的是，以上结果是依据2012—2016年数据进行的测算，随着时间的演进，可以按照最新的实际情况和相应数据对目标进行更新，以符合内蒙古的实际情况。

五、相关数据

2012—2016年《中国区域科技创新评价报告》中内蒙古各指标数据见附表2-6。

附表2-6　《中国区域科技创新评价报告》中内蒙古各指标数据

一级指标	二级指标	三级指标	2012年	2013年	2014年	2015年	2016年
科技创新环境	科技人力资源	万人R&D人员数（人年/万人）	12.78	14.97	14.63	15.36	15.86
		十万人博士毕业生数				0.6	0.72
		万人大专以上学历人数（人/万人）	1206.25	1008.05	1089.36	1614.44	1827.95
		万人高等学校在校学生数（人/万人）			215.57	203.53	193.67
		十万人创新中介从业人员数（人/10万人）			1.36	1.44	1.32

续表

一级指标	二级指标	三级指标	2012年	2013年	2014年	2015年	2016年
科技创新环境	科研物质条件	每名R&D人员研发仪器和设备支出（万元/人年）	2.96	3.18	3.42	5.17	5.67
		科学研究和技术服务业新增固定资产占比重（%）	0.46	0.57	1.15	0.87	0.78
		十万人累计孵化企业数（个/10万人）			1.78	2.22	2.88
	科技意识	万名就业人员专利申请数（件/万人）	3.99	5.39	5.37	7.49	9.01
		科学研究和技术服务业平均工资比较系数（%）	70.89	81.9	82.29	76.64	70.94
		万人吸纳技术成交额（万元/万人）	818.7	659.13	618	799.34	637.79
		有R&D活动的企业占比重（%）	5.21	5.86	6.07	7.27	9.66
科技活动投入	科技活动人力投入	万人R&D研究人员数（人年/万人）	7.07	8.51	7.98	6.76	7.22
		企业R&D研究人员占比重（%）	60.89	67.79	67.84	63.76	64.97
	科技活动财力投入	R&D经费支出与GDP比值（%）	0.64	0.7	0.69	0.76	0.79
		地方财政科技支出占地方财政支出比重（%）	0.81	0.86	0.85	0.84	0.72
		企业R&D经费支出占主营业务收入比重（%）	0.47	0.5	0.54	0.63	0.63
		企业技术获取和技术改造经费支出占企业主营业务收入比重（%）	0.42	0.42	0.36	0.29	0.17

续表

一级指标	二级指标	三级指标	2012年	2013年	2014年	2015年	2016年
科技活动产出	科技活动产出水平	万人科技论文数（篇/万人）	0.99	1.11	1.38	1.46	1.4
		获国家级科技成果奖系数（项当量/万人）	0.5	2.18	1.8	0.89	4.14
		万人发明专利拥有量（件/万人）	0.66	0.85	0.97	1.23	1.5
	技术成果市场化	万人输出技术成交额（万元/万人）	399	161.26	55.05	65.22	53.85
		万元生产总值技术国际收入（美元/万元）	0.15	0.39	0.26	0.15	0.13
高新技术产业化	高新技术产业化水平	高技术产业增加值占工业增加值比重（%）	1.27	2.37	3.02	4.03	3.95
		知识密集型服务业增加值占生产总值比重（%）	5.99	6.86	7.43	8.39	9.7
		高技术产品出口额占商品出口额比重（%）	1.54	2.09	5.4	5.45	7.28
		新产品销售收入占主营业务收入比重（%）	3.21	3.11	2.8	3.51	3.85
	高新技术产业化效益	高技术产业劳动生产率（万元/人）	30.91	37.97	44.72	47.57	48.34
		高技术产业增加值率（%）	35.63	32.12	39.83	44.73	5.81
		知识密集型服务业劳动生产率（万元/人）	24.04	24.85	48.01	57.35	73.18

续表

一级指标	二级指标	三级指标	2012年	2013年	2014年	2015年	2016年
科技促进经济社会发展	经济发展方式转变	劳动生产率（万元/人）	12.55	13.68	14.75	15.88	17.03
		资本生产率（万元/万元）	0.27	0.23	0.23	0.21	0.21
		综合能耗产出率（元/千克标准煤）	7.52	7.88	8.2	8.53	8.89
	环境改善	装备制造业区位熵（%）			14.97	17.14	15.75
		环境质量指数（%）	81.3	59.66	64.97	73.49	51.05
		环境污染治理指数（%）	82.15	83.75	91.85	88.62	81.9
	社会生活信息化	万人国际互联网上网人数（人/万人）	3875.66	4389.73	4586.53	5056.43	5265.27
		信息传输、软件和信息技术服务业增加值占生产总值比重（%）	0.99	1.62	1.05	1.16	1.36
		电子商务消费占最终消费支出比重（%）			5.48	17.98	19.77

注：高技术产业增加值率指标2016年调整为高技术产业利润率。

附录三　内蒙古现代产业技术体系创新现状、方向与路径[①]

一、现代能源产业

（一）现代能源产业技术创新现状

产业发展趋势。在应对气候变化行动加速、世界能源格局深度调整的背景之下，全球能源产业呈现"能源供应多元化，传统能源清洁化，低碳能源规模化，终端用能高效化，能源系统智慧化"发展趋势。受国际发展形势影响，我国能源产业面临的资源环境制约不断增强。随着经济结构的深度调整，转方式、调结构的政策、措施逐步到位，我国能源产业的发展进入减速换挡时期，供给结构逐步优化，由传统的高耗能产业向绿色低碳的新兴产业转变。

产业资源基础。内蒙古作为我国第一能源大省，是我国重要的能源基地和战略资源支撑基地，肩负着国家能源结构转换、能源安全保障、能源绿色发展的重要使命，在国家能源战略任务中地位突出，为

[①] 本文作者为中国科学院科技战略咨询研究院王晓明、余江、祁明亮、赵璐、夏炎、张越、刘寅鹏、李加莲、侯云仙、王雅、温雅婷。编写时间为2018年，后续进行了部分更新。

我国能源保障和能源革命做出了巨大贡献。内蒙古富集的能源资源和独特的地理位置，为能源产业带来了巨大的成本优势和区位优势，带动了自治区经济的快速崛起。目前，能源产业已发展为自治区第一支柱产业。2017 年，全区能源工业增加值增速 10.3%，高于规模以上工业增加值增速 7.2 个百分点。区内能源产业已覆盖主要能源品种，包括煤炭、石油、天然气等传统化石能源，风能、太阳能、生物质能等新能源，以及近些年发展较快的页岩气、煤层气等非常规油气。其中，煤炭相关产业和新能源产业规模全国领先，在为区内经济发展供能的同时，还肩负着为全国供应能源的重任。

在能源产业的带动下，相关科技力量不断提升。煤炭及火电产业在自治区的发展历史较长，自治区政府投入较大，已在企业、高校、科研院所形成了较为成熟的产学研基础。随着煤制油、煤制气发展，伊泰、神华等能源企业加大了技术投入，科研水平已居全国前列。新能源产业在相关政策的扶植下，科研力量崭露头角，但科研多集中于企业，还未形成合力。石油及天然气相关产业的科研力量主要来自中石油、中石化等大型国有企业，自治区层面的科研投入较少。除此之外，自治区的地理及资源优势为核能研究提供了较好的条件，目前中核集团已在内蒙古建立了核燃料元件重点实验室。

产业技术需求。技术创新是国家能源转型的关键，随着经济发展进入新常态，区内能源产业技术创新不足问题凸显，主要表现在节能技术、产业关键技术和能源装备制造的研发和推广应用滞后于能源的快速发展。内蒙古经济高质量发展为能源行业提出了新的技术需求，要继续提升技术装备水平、加强自主创新能力，逐步降低一些关键技术和装备的进口依赖。

内蒙古现代能源产业发展现状如附表 3-1 所示。

附表3-1　　　　　　　　内蒙古现代能源产业发展现状

名称		区内资源情况	产能（产量）规模	区内科研力量
煤炭		煤炭储量为4062.37亿吨，占全国总量的26.52%	"十三五"期间累计生产煤炭48.6亿吨，占同期全国的26.5%	科研院所（内蒙古煤炭科学研究所等）、企业技术中心（内蒙古煤矿设计研究院有限责任公司等）
煤炭下游产品	火电	—	火电装机居全国第四位。发电量约占全国总发电量的6%，居全国前列	高校（内蒙古工业大学电力学院）、科研院所（内蒙古电力勘测设计院、内蒙古电力科学研究院）、企业技术中心（国家电网等）
	煤制油	—	煤制油产能占全国的52%	企业技术中心（神华集团、伊泰煤制油公司等）
	煤制气	—	煤制气产能占全国的56%	企业技术中心（中国石化、神化集团等）
新能源	太阳能	全区总辐射量居全国前列	太阳能发电装机约占全国的10.9%	企业技术中心
	风能	全区风能占全国陆上风能可开发总量的50%以上	风电装机占全国的32%，并网约占全国的20%	企业技术中心
石油		探明石油地质储量62003.07万吨	初步完成勘探工作，尚未进行大规模开采	科研力量主要来自中石油、中石化等大型国有企业，自治区层面的科研投入较少
天然气		探明天然气地质储量17544.22亿立方米	天然气产量约占全国的20%，外送天然气总量占全国天然气消费总量的13%	
非常规油气	页岩气	据初步估算，页岩气资源潜力约30万亿立方米	页岩气仅有一口参数井，还未进行商业开采	
	煤层气	全区2000米以内浅煤层气潜在资源总量约为5.8万亿立方米，资源总量超过全国的25%	煤层气开发利用工作仍处于筹备状态	

（二）现代能源产业技术创新方向

一是加强煤炭清洁高效利用技术攻关。包括发展安全、高效、智能化煤炭开采技术，原煤洗选加工清洁技术，煤炭分级分质转化利用技术，适应内蒙古地区煤种的预处理技术，煤炭伴生资源综合利用技术。

二是开展对煤炭资源的地质学研究。包括对煤炭资源特性的研究、煤中元素分布赋存规律研究、煤炭物理特征与形成机理研究、煤炭自燃防治与地热利用技术研究、煤层气赋存规律与开发利用技术的研究。

三是加强煤炭开发的生态环境保护技术研究。包括井下采选充一体化技术、绿色高效充填开采技术、无煤柱连续开采技术、煤系固体废物资源化技术、矿区地表修复与重构等关键技术。

四是推进传统煤化工的改造升级以及现代煤化工的产业延伸。包括煤化工全产业链的节能技术、控排技术、节水技术以及资源综合利用技术，传统煤化工产品的产业升级及技术换代，现代煤化工关键产品的大型高效合成、精制和工程化技术，促进煤化工产品向产业下游延伸。

五是积极发展高效、环保的煤基发电技术。包括提高煤电参数等级的技术、煤化电多联产系统相关技术、超大规模互联电网安全稳定运行控制技术、缺水地区的多种污染物协同脱除技术与装备、发电环保技术。

六是发展信息化、自动化、高效能的智能电网技术研究。包括电源结构和电网结构的优化技术，大规模风电、光伏发电等新能源的效能提升技术，智能用电体系架构及标准规范，智能调度技术支持系统的研发，现代能源供应、消费、存储技术，电网的安全高效运用技术。

七是突破太阳能高效利用和光伏设备清洁生产的核心技术。包括光伏薄膜电池产业化技术、光伏电池增效和清洁生产技术、微网储能与智能并网技术、多晶硅材料清洁制备的核心技术、光伏电池组件及控制设备、大型光伏电站高效可靠运营控制技术。

八是推进风能综合利用技术研发及应用示范。包括风光多能互补风电系统关键技术、风能—燃煤（天然气）混合发电核心技术、大规模风电并网接入及分布式风电接入技术、新型风电储能材料、风电场运维管理技术的升级及产业化。

九是发展储能储热技术集成研究。包括大容量储能系统的设计、多类型储能系统协调控制技术及示范、间歇式能源接入能力关键技术、多能源储能装置兼容接入与统一控制、风电与光电的储能技术。

十是发展生物质能的应用研究。包括生物质燃料高效利用技术，生物质替代能源技术，生物质—太阳能耦合供能、联产化学品技术及示范，生物质发电装备升级与核心部件产品研发。

十一是加大对核燃料元件的研发力度。包括第四代核电燃料元件制造技术、核燃料开采提取及分离技术、核电燃料生产线的升级改造、天然铀化工转化生产线、核电燃料元件的规模化生产及产业化。支持北方核燃料元件公司建设铀浓缩物纯化转化生产线，扩建 AP1000 燃料组件的化工转化和燃料芯块制备生产线，实施低温供热堆示范项目，建设海洋核动力平台燃料组件生产线，形成"铀矿勘探—开采—纯化转化—核燃料元件制造"产业链。

内蒙古现代能源产业技术创新方向如附表 3-2 所示。

附表3-2　　　　　内蒙古现代能源产业技术创新方向

现代能源产业		技术创新方向	技术创新主体	技术发展模式
煤炭开采产业	1	粉煤灰、煤矸石中有价元素提取工艺技术		
	2	高铝粉煤灰提取氧化铝技术优化		
	3	原煤洗选加工清洁技术（近期）		
	4	安全、高效、智能化煤炭开采技术		
	5	内蒙古煤种配煤制备高浓度成浆性技术		
	6	内蒙古煤种焦化精细化智能配煤系统开发及工业示范		
	7	内蒙古高硫主焦煤脱硫技术		
	8	低阶煤干燥技术		
	9	内蒙古煤种型煤技术		
	10	内蒙古煤种配煤制备高浓度成浆性技术（近期）	产学研，企业主导	技术合作
	11	低阶煤干燥技术（近期）	产学研，企业主导	技术合作
煤化工产业	1	大直径、6.0MPa固定床加压气化技术开发及其工业示范（近期）	产业技术创新战略联盟	技术创新
	2	自主加压流化床气化技术开发及示范（中期）		
	3	高温费托合成技术（优质化学品和烯烃产品比例提高，烯烃选择性30%以上，含氧化合物选择性10%以下）（近期）	产业技术创新战略联盟	技术创新
	4	低温费托合成技术（甲烷选择性3%以下，C3+以上选择性高于90%，C5+以上选择性高于86%，催化剂产油能力1500t以上）（近期）	产业技术创新战略联盟	技术创新
	5	分级液化技术（中期）	产学研	技术合作
	6	煤化工废水处理及其回用技术（近期）	产学研	技术合作
	7	煤化工全产业链的节能技术、控排技术、节水技术以及资源综合利用技术（近期）	产学研	技术合作
	8	合成气制乙二醇技术（国内自主催化剂）（近期）	产业技术创新战略联盟	技术创新
	9	甲烷化技术（国内自主甲烷化催化剂、甲烷化反应器）（中期）	产业技术创新战略联盟	技术创新
	10	大型甲醇合成技术、装备（中期）	产业技术创新战略联盟	技术创新

续表

现代能源产业		技术创新方向	技术创新主体	技术发展模式
煤化工产业	11	甲醇制乙烯、丙烯百万吨级工程化，国内自主新型催化剂（中期）	产业技术创新战略联盟	技术创新
	12	甲醇制芳烃工程化，国内自主新型催化剂（中期）	产业技术创新战略联盟	技术创新
	13	低阶煤提质技术，包括干燥、热解、中温焦油加工成套技术（近期）	产学研	技术合作
	14	甲醇制聚甲氧基二甲醚技术开发（中期）	产学研	技术合作
	15	烯烃下游产品开发系列技术（中期）	产学研	技术合作
	16	芳烃下游产品开发系列技术（远期）	产学研	技术合作
	17	煤化工与高耗能工业过程耦合技术（远期）	产业技术创新战略联盟	技术创新
煤基发电产业	1	燃煤烟气氮氧化物、硫化物的协同脱除与资源化利用技术		
	2	重金属、有机污染物等PM2.5前驱体一体化脱除技术		
	3	多种污染物协同脱除技术与装备研发		
	4	高效洁净燃煤火力发电及发电环保技术		
	5	火电烟气超低排放治理技术		
	6	二氧化碳捕集与封存技术		
电网及智能电网产业	1	智能输变电设备制造技术		
	2	电网稳定技术		
	3	高压及特高压电线电缆制造技术		
	4	超大规模互联电网安全稳定运行控制技术		
	5	智能电网技术		
	6	电力需求侧管理和工业能源管理云平台研发		
	7	高压及特高压电力调度、变配电及电网运营系列产品研发		
光伏产业	1	改良西门子法的技术改进	企业	自主完成
	2	硅烷法技术改进	企业	自主完成
	3	单晶硅片的规模化生产技术改进	企业	自主完成
	4	金刚线切割技术改进	企业	对外合作
	5	提高晶硅电池光电转化效率技术开发	研究单位	外部引进
	6	减少晶硅电池生产物质消耗技术	合作完成	外部引进
	7	电站型大功率逆变器开发	企业	自主完成

续表

现代能源产业		技术创新方向	技术创新主体	技术发展模式
光伏产业	8	电场太阳能功率分析预测技术	合作完成	对外合作
	9	高穿透率分布式光伏系统及微电网系统设计集成技术	企业	对外合作
风力发电产业	1	风电机组半物理仿真和数值仿真试验平台技术应用	研究单位	对外合作
	2	新型风电机组布局和先进运行驱动技术	合作完成	外部引进
	3	3MW风机轻量化和环境适应性技术	合作完成	对外合作
	4	先进翼型研究	研究单位	对外合作
	5	降低载荷和重量技术	合作完成	自主完成
	6	低增速比齿轮箱解决方案	企业	自主完成
	7	中压高压发电机技术应用	企业	自主完成
	8	大功率中高压变流器技术	合作完成	对外合作
	9	陆地风电电场精细化风功率预测技术	研究单位	对外合作
储能储热产业	1	大容量储能系统的设计及其监控、管理、保护技术		
	2	风电与光电的储能技术（近期）	研究单位	
	3	多类型储能系统协调控制技术及示范		
	4	间歇式能源接入能力关键技术		
	5	集中/分散储能装置及分布式电源的兼容接入与统一控制		
	6	各类储能资源的互补协调控制		
生物质能产业	1	生物质替代能源技术		
	2	生物天然气转化与纯化、秸秆类原料制生物柴油、纤维类植物制乙醇、工程微藻生物质燃料油技术		
	3	生物质—太阳能耦合供能及联产化学品、生物质热解试验示范		
	4	生物质发电装备升级		
	5	生物质反应器等核心部件产品		
核能产业	1	重水堆核电站燃料元件生产线		
	2	高温气冷堆核电燃料生产线		
	3	第四代核电燃料元件制造技术		
	4	提升铀矿开采提取和钍提取分离及天然铀化工转化生产线		
	5	扩大压水堆核电燃料元件生产规模		

（三）现代能源产业技术创新路径

坚持传统化石能源的绿色、安全、高效开发与利用技术的同时，持续开展风电、光电、生物质能、核能开发与利用研究。加强智能电网、储能储热等方面的关键技术研究，开展新能源微电网示范项目研究，提高可再生能源消纳能力。在风电装备、太阳能光伏利用等领域形成一定的技术优势。

依靠自治区优势资源，以煤炭开采、现代煤化工、新能源为重点，以产业为主线，通过产业链布局创新链，建设包括能源开采技术、能源加工及转换技术、能源输运及存储技术全链条，能源装备制造、能源生产、能源消费全环节，人才、平台、投入产出机制全要素的现代能源技术创新体系，支撑自治区现代能源产业节约、清洁、安全发展。

依托能源行业煤炭、新能源、煤化工、电力板块的龙头企业，以企业应用为导向，以产业链为延伸，联合高校和科研院所共建能源技术创新平台，突破能源消纳、能源高效转化、资源集约利用、储能储热等行业共性技术和产业链衔接中的关键技术。

充分利用自治区的资源和区位优势，吸引国有企业投入人才与技术，发挥国有企业创新的示范作用，引导技术对本地企业的溢出效应。同时，引导国企与地方企业深度合作，提升本地企业技术水平和创新能力，防止形成技术壁垒。

深入落实国家"一带一路"建设决策，充分发挥自治区联通俄罗斯、蒙古国的区位优势，鼓励和支持自治区能源行业"走出去"，融入能源技术研发的跨省合作，积极探索国际间技术研发的合作模式，吸引一批高水平研究成果在自治区落地，实现人才、资金、技术的优势互补。

二、现代装备产业

（一）现代装备产业技术创新现状

产业发展趋势。在新一轮科技革命和产业变革的推动下，装备制造业正在向智能化、绿色化、服务化方向发展。发展网络协同制造技术，重点研究基于"互联网+"的创新设计、基于物联网的智能工厂、制造资源集成管控、全生命周期制造服务等关键技术；发展绿色制造技术与产品，重点研究再设计、再制造与再资源化等关键技术，推动制造业生产模式和产业形态创新。在汽车、铁路车辆、农牧业机械、工程机械、运输机械、煤炭机械、发电及输变电设备、煤化工成套设备、新能源设备等领域，提升关键零部件、基础工艺、基础制造装备研发和系统集成技术水平。

产业资源基础。发展现代装备制造业是内蒙古响应国家新一轮西部大开发和振兴东北等老工业基地战略，加快调整内蒙古经济结构，加快转变发展方式，充分发挥沿边开放经济带区位优势的重要举措。经过多年发展，内蒙古基本形成了以特种车辆、重型汽车、工程机械、铁路车辆、采掘设备、农业机械、新能源装备等为主的装备制造业体系。自治区的装备工业主要集中在呼包鄂地区，其中包头市装备制造业形成以内蒙古一机集团、北重为龙头，近200家中小企业为配套，包括重型汽车、非公路矿用车、铁路车辆、风电设备等类型产品，有一定规模和技术水平的产业集群；鄂尔多斯形成了以奇瑞汽车、精功重卡、中兴特汽为龙头的汽车制造产业，以久和风机为龙头的新能源装备制造产业。呼和浩特、通辽、赤峰、乌兰察布的装备制造业也已初具规模。

产业技术需求。自治区在现代装备制造方面的科技创新能力有待加强。农牧业装备技术需求主要体现在自走式切割调制收获装备研究等；新能源装备技术需求主要是风电机组仿真试验平台等；安全应急装备的技术需求主要体现在高承载模块化车辆底盘构建技术等；石化及煤矿机械的技术需求主要体现在高强度材料焊接工艺技术研究等；先进轨道交通装备及零件的技术需求主要体现在快捷运输货车研发等；非公路矿用车的技术需求主要体现在400吨级超大型矿用车研制等；商用汽车的技术需求主要体现在北斗导航模块开发等；特殊钢及延伸产品的技术需求主要是高端厚壁无缝钢管及管路集成等。内蒙古现代装备产业发展现状如附表3-3所示。

（二）现代装备产业技术创新方向

一是汽车系列。包括新型重型汽车系列车型、专用车系列产品，重卡动力总成系统，重型汽车用智能仪器仪表与控制系统；汽车零部件设计技术，自动化监测与控制技术，汽车动力装置设计制造技术，汽车控制传统系统与电子模块设计制造技术，新型发动机、制动系统、高端自动变速器等装备制造技术。

二是工程机械。包括全新系列矿用自卸车，高性能智能化液压挖掘机，大功率装载机、旋挖钻机、岩巷掘进机、推土机，大型矿井支护、采掘装备及自动化控制，矿用高性能抢险救灾装备，高效分选配煤装备，煤机装备数字化控制系统，煤化工成套设备。

三是煤炭机械。主要是煤矿机械装备制造，如掘进机技术装备、输送机技术装备和液压支架技术装备等。

附表3-3　内蒙古现代装备产业发展现状

	发展现状	科研单位	有关企业	主要产品
农牧业装备	2014年自治区农牧机综合机械化水平达到79.8%，高于全国平均水平19个百分点；农作物机耕水平达到93.5%，于2008年基本实现农作物机械化；农作物机播水平达到85.7%，播种机的保有量达到61万台，农作物机收水平达到55.9%，联合收获机收水平达到55.9%	以科研院所和大专院校为主，还成立了一批国家/省级工程（企业）研究中心和重点（工程）实验室	自治区现有农牧机企业共450多家，其中以中小型企业居多，牧草收获机械生产企业较多、联合收获机械生产企业较少	农用拖拉机、耕整地机械、播种栽植机械、秧苗栽植机械、中耕机械、植物保护机械、收获机械和排灌机械等
新能源装备	2015年内蒙古风电新增装机容量为1212MW，占国内新增装机容量的3.94%；2015年内蒙古风电累计装机容量为4888MW，占国内累计装机总量的3.36%。随着国家太阳能电价补贴配套扶持政策的出台，内蒙古太阳能电站开发企业呈现出积极的开发建设意愿	—	赤峰市已有国电联合动力技术有限公司等6家国内较有实力的风机设备制造企业建成投产；巴彦淖尔市有6家风电场延伸产业链条，形成内蒙古西部最大风电装备制造产业基地；乌兰察布市共有风电企业44户；包头依托内蒙古第一机械集团有限公司、内蒙古北方重工业集团有限公司等企业打造两个风电设备制造基地，覆盖风机整机、底座、齿轮箱、塔筒等	风电机组、光伏设备等
安全应急装备	依托军备技术，相继开发出4×4反恐防暴特种车辆、特种消防坦克、防暴岗亭、防暴围栏、柔性阻车器等产品	—	以内蒙古第一机械集团有限公司和内蒙古北方重工业集团有限公司等从事相关产品设计、研发和生产的重要企业，主要集中在包头	军警用特种车辆、消防车等

附录三 内蒙古现代产业技术体系创新现状、方向与路径 | 135

续表

	发展现状	科研单位	有关企业	主要产品
石化及煤矿机械	在内蒙古煤矿综采、掘进、矿山机械领域，煤机成套装备主要有液压支架、掘进机、矿用救生舱、皮带运输机等，石油钻采机械设备方面主要有抽油杆、钻杆、钻链、套管等。自治区压力容器企业在化工装备领域主要涉及压力容器低端产品制造，竞争力不强，尤其是在大型压力容器产品方面，市场份额很小	—	内蒙古北方重工业集团有限公司、内蒙古第一机械集团有限公司等	液压支架、采煤机、钻具等
先进轨道交通装备及其零部件	内蒙古是我国铁路货车行业重要的设计、生产基地，研制水平处于国际、国内先进水平；城市轨道装备方面发展相对落后，一些城市轨道装备的零部件产业规模较小或处于起步阶段	—	内蒙古第一机械集团有限公司、内蒙古呼铁轨枕制造有限责任公司、中国兵器工业集团有限公司等	铁路货车等
非公路矿用车	内蒙古非公路矿用车辆发展，国内市场占有率保持在80%以上，国际市场占有率提高到15%以上，新产品贡献率在50%以上	—	北方股份是内蒙古唯一一家生产非公路矿用自卸车的企业	机械传动矿用车、电传动矿用车、铰接式矿用车等
商用汽车	2015年，产值占比为0.97%。自治区的载重汽车产值不论是总量还是占比均呈下降趋势	—	包头北方奔驰重型汽车有限责任公司、内蒙古第一机械集团有限公司等	载货汽车、新能源客车等
特殊钢及延伸产品制造装备	在高端厚壁无缝钢管及管路集成方面，北重集团生产的无缝钢管产品优越性得到了用户的普遍认可；在高端模具钢方面，北重集团一直走在国内同行业的前列；在航空领域、舰（潜）艇领域、核装备领域等特种合金材料方面，目前多个产品已经顺利完成科研试制，已进入批量生产，特种合金材料加工产业化已具初具雏形	—	内蒙古北方重工业集团有限公司	大口径厚壁无缝管等

四是农牧业机械。包括智能化、多功能农牧联合型机械，节水灌溉机械，大型马铃薯种植收获机械，优质牧草收获加工技术及装备，生态工程集雨深耕特种开沟机械。

五是发电及输变电设备。包括智能电网设备，换流变压器、换流阀等电站辅机设备，高压及特高压电线电缆、电力调度、变配电及电网运营系列产品，大功率发电机组节能、低噪、免维护变压器。

六是轨道交通装备。包括高速列车、重载列车、铁路专用设备和配件制造，以及城市轨道车辆制造和电动机制造；30吨轴重货车制动系统、轨道交通维修养护成套设备及配套关键设备、铁路轨道交通专用齿轮箱、城市轨道交通车辆、城轨车辆新型材料车体、城轨列车制动系统等研发和产业化；列车牵引控制系统及制动装置，高速铁路客车，重载铁路货车，专用型铁路敞车、罐车，外贸敞车、罐车、平车、棚车、漏斗车，新型城轨车辆等装备关键零部件设计、制造、维护技术。

七是煤化工成套设备。包括大型装备的国产化，如 90000Nm³/h 以上大型空分设备，气化炉、气体压缩机、合成塔、废热锅炉等；700℃超超临界电站用镍基高温合金锅炉管，换流变压器、换流阀等电站辅机设备，大功率发电机组节能、低噪、免维护变压器，智能输变电设备和高压及特高压电线电缆等。

八是新能源设备。风电产业主要包括低增速比齿轮箱、行星轮均载柔性轴、中压高压发电机、高温超导发电机、大功率中高压变流器等。光伏产业主要包括核心光伏生产装备、磁控溅射电池等。紧盯国际国内储能技术革新，引进大容量储能技术产业化应用项目，培育新产业。壮大太阳能电池组件制造产业，提升大型光伏电站设备自给率，推进光伏全产业链建设。

九是智能制造。包括智能制造技术在控制系统、仪器仪表、电网装备、伺服控制系统、高档数控机床、工业机器人等领域的适用技术；智能制造关键技术装备、核心支撑软件、工业互联网等系统集成应用；机器人自动化生产线、数字化车间和智能工厂、网络协同制造云平台。

十是装备制造强基工程。影响核心基础零部件（元器件）产品性能和稳定性关键共性技术。建立关键共性基础工艺研究体系，开展先进成型、加工等关键制造工艺攻关。

十一是高端装备创新设计。加大 P91、P92 无缝钢管在超临界、超超临界发电机组和高压锅炉等领域的推广力度，逐步替代进口。发展高端医疗设备、机器人制造、3D 打印及应用产业，建设高档伺服系统、高精密减速器、驱动器等关键零部件及系统集成设计制造等项目。支持开发一批标志性、带动性强的重点产品和高端装备，提升自主设计水平和系统集成能力，建设完善创新设计生态系统。

十二是绿色制造。清洁高效铸造、锻压、焊接、表面处理、切削等加工工艺，实现绿色生产。轻量化、低功耗、易回收等技术工艺，提升电机、锅炉、内燃机及电器等终端用能产品能效。产品全生命周期绿色管理，构建高效、清洁、低碳、循环的绿色制造体系。

十三是新能源汽车及配套装备。顺应新能源汽车发展趋势，在呼和浩特、包头、乌兰察布、鄂尔多斯等地区建设一批新能源汽车装配及动力电池项目，形成涵盖动力电池、电机、电控系统、动力总成、配套零部件及整车研发生产的新能源汽车全产业链，建成重要的区域性新能源汽车生产基地。

内蒙古现代装备产业技术创新方向如附表 3-4 所示。

附表3-4　　　　内蒙古现代装备产业技术创新方向

现代装备产业		技术创新方向	技术创新主体	技术发展模式
农牧业装备	1	自走式切割调制收获装备	产研合作	自主完成
	2	捡拾传送式集草装备	产研合作	自主完成
	3	中型方草捆压捆装备	产研合作	技术合作
	4	青贮饲料卷捆缠膜装备	产研合作	自主完成
	5	草捆集运码垛装备	产研合作	自主完成
	6	马铃薯联合收获装备	产研合作	自主完成
	7	葵花收获装备	产业	技术合作
	8	水肥一体化喷灌装备	产业	自主完成
	9	农作物秸秆揉搓打捆装备	产研合作	技术合作
	10	精量播种施肥装备	产研合作	自主完成
	11	现代农牧业机械数字化研发平台	政府	自主完成
	12	新能源机械产品检验检测平台	政府	自主完成
新能源装备	1	风电机组仿真试验平台	产研合作	对外合作
	2	3MW风机轻量化和环境适应技术	产研合作	对外合作
	3	降低载荷和重量技术	产研合作	自主完成
	4	低增速比齿轮箱解决方案	企业	自主完成
	5	大功率中高压变流器技术	产研合作	对外合作
	6	陆地风电电场精细化风功率预测	研究单位	对外合作
	7	改良西门子法的技术改进	企业	自主完成
	8	单晶硅片的规模化生产技术改进	企业	自主完成
	9	晶硅电池光电转化效率技术	研究单位	外部引进
	10	电站型大功率逆变器开发	企业	自主完成
	11	电场太阳能功率分析预测技术	产研合作	对外合作
	12	高穿透率分布式光伏系统及微电网系统设计集成	企业	对外合作
安全应急装备	1	开展体系化研究，开发装备群	企业	自主完成
	2	工艺技术和试验技术研究	企业	自主完成
	3	4×4系列车辆人—机—环工程研究	合作完成	对外合作
	4	研究制定统一的行业标准	合作完成	对外合作
	5	防护等级分类研究	合作完成	对外合作
	6	高承载模块化车辆底盘构建技术	企业	自主完成
	7	无人车技术研究	合作完成	自主完成
	8	可靠性提升技术研究	合作完成	对外合作
	9	现场实时声像远程传输技术研究	研究单位	对外合作
	10	安全应急装备的模拟训练系统	合作完成	对外合作

续表

现代装备产业		技术创新方向	技术创新主体	技术发展模式
石化及煤矿机械	1	高强度材料焊接工艺技术研究	企业	自主创新
	2	大缸径油缸技术研究	企业	自主创新
	3	掘进机智能控制技术研究	企业	技术引进
	4	掘进机高效除尘系统技术研究	企业	技术合作
	5	硬岩截割头技术与制造研究	企业	技术合作
	6	重型皮带输送机托辊技术研究	企业	自主创新
	7	高强度钻铤（钻杆）技术	企业	自主创新
	8	塔器技术	企业	技术合作
	9	聚乙烯反应装置	企业	技术合作
先进轨道交通装备及零件	1	快捷运输货车研发	企业	技术合作
	2	30吨轴重以上重载货车研发	企业	技术引进
	3	30吨轴重以上转向架研发	企业	技术引进
	4	转向架技术研究	企业	技术合作
	5	特种轨道交通车辆研发	企业	技术合作
	6	铝合金焊接技术研究	企业	自主创新
	7	防腐技术研究	企业	自主创新
非公路矿用车辆	1	400吨级超大型矿用车研制	企业	自主研发
	2	电驱动及控制技术与装备研究	产业	技术合作
	3	重载下坡恒速控制研究	企业	技术合作
	4	运行状态信息等大数据收集研究	产业	技术合作
	5	减振降噪及舒适性研究	企业	自主研发
	6	湿盘制动器制造工艺研究	企业	自主研发
	7	动力总成系统性能优化标定研究	企业	自主研发
	8	坡道启动防溜技术研究	企业	自主研发
	9	可靠性与耐久性研究	企业	自主研发
	10	轻量化设计研究	企业	自主研发
商用汽车	1	北斗导航模块开发	企业	技术合作
	2	大功率AT变速器	企业	自主创新
	3	重型高机动越野车	企业	技术合作
	4	重型设备牵引车	企业	自主创新
	5	国六发动机预研	企业	技术合作
	6	披挂防护驾驶室	企业	自主创新
	7	车架及悬架模块开发	企业	技术引进
	8	纯电动市政垃圾车	企业	技术合作
	9	纯电动市区公交车	企业	技术合作
	10	VG2000分动箱	企业	自主创新

续表

现代装备产业		技术创新方向	技术创新主体	技术发展模式
特殊钢及延伸产品	1	高端厚壁无缝钢管及管路集成	企业	自主研发
	2	替代进口的高端工模具钢研发	产研合作	技术合作
	3	特种合金材料研发	产研合作	技术合作
	4	电炉提质增效和余热利用技术	企业	自主研发
	5	高效低耗热处理技术研发	企业	自主研发
	6	模具激光测量定位系统研发	产研合作	技术引进
	7	特殊钢及延伸产品轻量化技术	产研合作	技术合作
	8	数字化产品开发技术与系统研究	企业	自主研发
	9	模具寿命考核评价技术研发	产研合作	技术合作
	10	电站用无缝钢管可靠性评价研究	产研合作	技术合作

（三）现代装备产业技术创新路径

建立自治区装备产业技术研究院，重点研究影响制造业发展的关键共性技术，逐渐缩小与国内外装备制造产业发展水平较高地区的差距。提升研发能力是传统制造向智能制造发展的重点，针对传统制造设计、生产等各个环节，重点研发新型传感技术、先进控制与优化技术等关键共性技术，在核心领域实现原始创新，建立并完善智能制造技术创新体系。

加大智能制造、绿色制造、强基工程的支持力度。推动整机企业和基础零部件企业协同创新，在重型及专用车辆、轨道交通装备、通用航空、工程机械、煤炭石油综采装备、高端畜牧装备等重点领域，支持首台（套）、首批次重大装备自主研发，针对关键技术和产品创新需求组织重点突破。

通过创新政策引导鼓励装备制造产业数字化转型，实施传统制造向智能制造转型升级。研究制定相应的创新政策措施，鼓励各级政府组建开放与低成本、资源共享、线上与线下相结合的众创空间，释放装备制造业从设计到生产与管理等方面的创新潜力。通过财税相关政策制定，对完成数字化转型的装备制造企业给予财政资金扶持及税收减免等优惠政策。

依托现有企业积极创建国家级、自治区级、盟（市）级技能大师、市级技能专家、企业首席专家等高层次人才工作室；支持企业培养高科技装备操作、维修检测等应用型人才，重视高级技工、技师的引进和培养；引导中高职院校和技工院校开展校企联合招生、联合培养试点，造就一大批高素质、应用型技能人才。加大青年科技人才培养力度，建立健全对青年人才的普惠性支持措施。

鼓励大中型传统装备制造企业通过资产联营、兼并、收购、参股、控股等方式，快速吸收和引进国外先进的智能制造技术、智能装备及全新制造模式，提升国际竞争力。

三、现代材料产业

（一）现代材料产业技术创新现状

产业发展趋势。从全球范围看，新材料已渗透国防建设、国民经济和社会生活的各个领域，新材料与信息、能源、生物等高技术加速融合，大数据、数字仿真等技术在新材料研发设计中作用不断突出，全球材料创新研发投入持续增长，发达国家新材料产品研发和生产技术全面领先，少数寡头企业在高附加值新材料产品中长期占据主导地位。产业整体呈现出新材料高性能化、多功能化，制造技术智能化、绿色化，新材料循环利用不断加强等发展趋势。

产业资源基础。内蒙古是我国北方重要的金属、石墨、硅和高分子原材料供应基地，是我国现代工业基础和保障体系的重要组成部分。传统的冶金工业是自治区第二大支柱产业，以稀土、碳材料、高端金属材料为代表的新材料产业是自治区未来最优发展前途的产业。内蒙古40种金属矿储量位居全国前三位，其中稀土、铅、锌、银、钌、锆、铌、锗等储量全国领先。稀土储量占全国83.7%，白云鄂博矿区是全球最大的稀土原材料供应基地。石墨探明储量2亿多吨，占全国近70%，其中稀缺大鳞片晶质石墨储量占比超过80%，均位居全国第一位。内蒙古在资源优势产业（如稀土、石墨、硅材料等）仍处于原料生产环节，自治区实施新兴产业高质量发展三年滚动项目计划中，对稀土、石墨烯、石墨、高端金属材料、硅材料、高分子材料、高性能纤维及复合材料、蓝宝石材料等持续三年投入资金进行扩产。内蒙古拥有全国最大的综合性稀土科技研发机构——包头稀土研究院，该院建有国家级的"白云鄂博稀土资源研究与综合利用国家重点实验室""稀土冶金及功能材料国家工程研究中心""北方稀土行业生产力促进中心"。此外，中科院包头稀土研究中心有效整合中科院科研力量，与包头稀土研究院一道，成为内蒙古稀土产业的科技创新主力军。石墨烯新材料领域，内蒙古石墨烯材料研究院是内蒙古科技厅下属的石墨烯技术研发机构；瑞盛新能源研究院与清华大学、中科院山西煤化所、天津大学建立了良好合作关系。

　　产业技术需求。矿藏储量位居前列，但原料采收效率低下、污染大，缺乏高附加值的高端产品是自治区材料产业普遍存在的问题。稀土资源综合利用率低，冶炼过程所产生的含氟、硫废气和高氨氮及高盐碱废水以末端治理方式加以处理，成本较高，难以彻底治理。急需稀土功能材料与稀土永磁材料技术支撑，在最能体现高技术和应用价值水平的中高端产品领域，如高档数控机床和机器人的稀土磁性材料、先进轨道交通装备的稀土永磁材料、生物医药及高性能医疗器械的稀土闪烁晶体、节能环保的稀土发光、稀土催化材料等急需技术支撑。

内蒙古石墨储量大，但是石墨高端产品缺乏，石墨烯产业处于起步阶段，在石墨烯储能材料与新型储能产品、石墨烯新型润滑材料等高端产品上需要技术支撑。

内蒙古现代材料产业发展现状如附表3-5所示。

附表3-5 内蒙古现代材料产业发展现状

名称		资源状况	产能（产量）规模	区内科研力量
稀土		保有储量15020万吨，占全国83.7%，全国第一	全国最大稀土供应基地；功能性稀土材料整体发展呈现低端产品过剩，高端产品短缺。稀土永磁材料、稀土储氢材料、稀土发光和抛光低端产品产能过剩，我国缺乏白光LED材料和纳米级高端抛光材料，依然依赖大量进口，稀土石化催化剂方面可以自足，高丰度稀土金属国产能力严重不足	包头稀土研究院（隶属包钢集团）；中科院包头稀土研究中心
石墨与石墨烯		乌兰察布市石墨探明储量4515万吨；包头市探明储量2亿吨	兴和大盛石墨新材料股份有限公司；到2020年，预计新增石墨电极产能44.7万吨、锂离子电池负极材料产能10万吨、其他石墨新材料产能28.5万吨	内蒙古石墨烯材料研究院（内蒙古科技厅下属）；瑞盛新能源研究院（与清华大学，中科院山西煤化所，天津大学合作）
有色金属	铅	保有储量1425.1万吨，全国第一	铅产量占全国的4.3%（2013年数据）	企业技术中心
	铝	不详	2017年电解铝运行产能全国11%，产量265.8万吨	企业技术中心
	镁	不详	产量占全国1%（2013年）	企业技术中心
	铜	783万吨，全国第五	2017年铜精矿超10万吨，占全国6.6%；企业有赤峰云铜、亚鼎铜业、贺麒铜业、巴彦淖尔西部铜业等	企业技术中心

续表

名称	资源状况	产能（产量）规模	区内科研力量
高端金属材料	生产铝镁合金、稀土镁合金、钛合金等	预计2020年新增产能160万吨	企业技术中心
硅材料	凭借电力资源优势，生产多晶硅、单晶硅产品	预计到2020年，单晶硅新增产能3.5万吨；多晶硅新增产能8.5万吨；其他硅材料新增1100兆瓦电池组件、3GW太阳能铸锭	企业技术中心
高分子材料	—	预计2020年可新增产能36万吨	企业技术中心
高性能纤维及复合材料	3家企业	预计新增产能，年产5万千米碳纤维复合芯导线，年产1万支碳纤维柔性连续抽油杆，年产400套碳纤维复合风电叶片、新材料2237件、保温材料303套	企业技术中心
蓝宝石材料	5家企业	预计2020年新增产能3000吨	与上海交通大学合作；企业技术中心
生物药材料	主要产品有青霉素、金霉素、黄霉素、盐霉素、辅酶Q10、二十二碳六烯酸、花生四烯酸、7-ACA（酶法7-ACA）等20多个品种	呼和浩特托克托生物发酵特色产业基地，辅酶Q10的供应量占全球供应量的70%，出口量占全国的75%；阿莫西林（青霉素的一种）占全国产量的10%，出口量占全国的10%	托克托生物发酵特色产业基地建立了良好的产学研合作机制

资料来源：《内蒙古自治区2017年国民经济和社会发展统计公报》（2018年3月）、《安泰科2017年铜市场分析报告》（2018年1月）、《安泰科2017年铝市场分析报告》（2018年1月）、《安泰科2017年铅市场分析报告》（2018年1月）、《地图礼赞——献给内蒙古自治区成立70周年》、《新兴产业高质量发展三年滚动项目计划表》、《乌兰察布市石墨新材料产业发展规划》、《内蒙古包头市石墨烯产业发展规划纲要（专家意见稿）》。

（二）现代材料产业技术创新方向

一是发展稀土永磁材料、高端稀土功能材料等高附加值产品。依托包头稀土新材料产业园，支持稀土下游补链延链项目建设，加强稀土元素深度开发和综合利用，推动永磁、储氢、抛光、发光、催化项目改造升级，发展稀土永磁材料、高端稀土功能材料、稀土合金材料等高附加值产品，做大稀土应用产业。建设国内一流的稀土产品检验检测中心。完善稀土交易中心功能，增强我区稀土产品国际影响力。力争通过 3 年努力，建成我国重要的稀土新材料研发和生产基地。

二是研发石墨烯、石墨烯储能材料。研发突破低成本少层石墨烯粉体、核石墨、电池负极材料、柔性石墨、高导热石墨等生产及应用技术。加快在石墨烯制备、储能材料、导热材料、导电材料、合金材料、复合材料、涂料及储能、核能等领域产业化应用。保护性开发和利用石墨资源。积极参与国际国内石墨（烯）新材料储能、导电、导热、涂料等领域关键技术攻关，加大技术引进和应用力度，做大石墨电极等碳基材料生产规模，推动石墨（烯）新材料产业化发展。

三是突破有色金属合金深加工与循环利用技术。突破精铝、铝板带、高纯高压电子铝箔及铝基系列合金深加工关键技术，加强铜、镁、铅、锌、钼等有色金属勘查开采、选冶、加工的科技攻关和各种有价元素的回收利用。

四是优先发展电子级晶硅与高品质蓝宝石晶体技术。积极开发多晶硅（单晶硅）切片及电池、薄膜电池、风积沙制太阳能光伏玻璃、电子级多晶硅（单晶硅）等产品技术，支持纳米二氧化硅、特种硅沙系列产品化技术开发。提高蓝宝石制备规模，发展高品质蓝宝石晶体及切片、LED 蓝宝石衬底等系列产品，扩大蓝宝石在智能终端、航空航天、半导体等领域的应用。

五是重点发展含氟中间体及精细化学品。加快发展高性能聚烯烃、1,4- 丁二醇、氯化聚氯乙烯、硅橡胶、橡胶助剂等产品。重点发展含氟中间体及精细化学品，加快开发聚全氟乙丙烯、聚四氟乙烯等高端含氟聚合物。

六是突破先进复合材料关键技术。以树脂基、金属基、陶瓷基复合材料为重点，突破复合材料原料制备、工业化生产等关键技术。大力发展碳纤维、富勒烯、连续玄武岩等高性能增强纤维品种，积极发展碳化硅、氧化铝等陶瓷基复合材料及增强铝基、铜基、镁基等复合材料。

七是推动特种纤维和屏蔽材料发展。推动F-12纤维产品从地面到临近空间系列化应用，完善纤维织造条件，促进F-12高强有机纤维织物产业化。改进提升贫铀屏蔽体生产工艺、技术，开发高性能贫铀屏蔽体产品。

八是其他材料领域。加强高端钢材、高品质镁合金、铝硅钛合金、锗产品、非晶材料等技术攻关和产品研发，推动特种橡胶、工程塑料、密封材料、有机硅材料、氟材料等技术研发和产品开发，突破利用煤矸石、粉煤灰、尾渣和低品位铝矾土制备陶瓷、节能高效陶瓷装备、陶瓷载体过滤器等重大技术。以包头、通辽铝产业为基础，发展稀土铝特种合金、高品质铝合金焊丝、双零铝箔、高强高韧铝合金等高附加值产品。依托丰富的钢及铜、铅、锌、镁等有色金属冶炼业，大力发展超纯铁素体不锈钢、高品质轴承钢、金属靶材、高强高导新型铜合金接触导线、高品质镁合金等特种合金。

九是在解决原料生产过程中的绿色环保技术基础上，加快技术改造升级，加强原材料制备阶段的采收、冶炼分离等环节的高效节能制备技术研发。钢铁行业开发低能耗高炉冶炼技术、高效绿色电炉冶炼技术、高效低成本洁净钢冶炼技术、节能高效轧制及后续处理技术等；有色行业开发电解铝槽智能化及低排放技术、低成本短流程炼铜（铅、锑）清洁冶炼技术，深度研究高铝粉煤灰碱法低成本提取氧化铝技术；

化工行业开发聚氯乙烯低汞（无汞）清洁生产技术，流化床多晶硅生产、新一代分离膜及膜器等新工艺及装备。

内蒙古稀土及有色金属产业技术创新方向如附表3-6所示。

附表3-6 内蒙古稀土及有色金属产业技术创新方向

名称		科技创新方向	创新主体	创新方式
稀土采收、分离制备环节	稀土采选	稀土矿物的高效选别工艺技术研究	高校、科研院所和企业	技术合作
		高效清洁选冶工艺的研究	高校、科研院所和企业	技术合作
		采选过程中的资源综合利用和保护技术研发	高校、科研院所和企业	技术合作
		含铁原料铁品位经济优化研究	高校、科研院所和企业	技术合作
		白云鄂博资源地质整装勘探新技术	高校、科研院所和企业	技术合作
	冶炼分离	稀土分离提纯过程强化及其装备研究	高校、科研院所和企业	技术合作
		稀土精矿清洁高效冶炼提取技术开发	高校、科研院所和企业	技术合作
	稀土金属	氟化物-氧化物熔盐电解	高校、科研院所和企业	合作研究
	稀土合金及结构材料	高品质低成本稀土中间合金制备工艺技术	高校、科研院所和企业	技术攻关
		高丰度稀土合金及结构材料的研发	高校、科研院所和企业	技术合作
		稀土合金材料表面防护技术	高校、科研院所和企业	技术合作
		新型稀土合金材料开发与应用	高校、科研院所和企业	技术合作
		新型稀土合金材料制备技术与工艺	高校、科研院所	应用基础研究
	稀土综合治理	稀土冶炼废水综合治理技术研究	高校、科研院所和企业	技术合作
稀土磁性材料		高性能高稳定性钕铁硼永磁材料的研究	高校、科研院所和企业	技术合作
		低重稀土含量高矫顽力烧结钕铁硼永磁材料	高校、科研院所和企业	技术合作

续表

名称	科技创新方向	创新主体	创新方式
稀土磁性材料	高性能高矫顽力烧结钕铁硼辐射磁环的研究	高校、科研院所和企业	技术合作
	稀土超磁致伸缩产品质量和工艺过程控制	高校、科研院所和企业	技术合作
	新型、廉价稀土永磁材料的研究	高校、科研院所和企业	技术合作
	研发低成本、多体系稀土La、Ce、Gd基室温磁制冷材料、磁工质及低磁场磁制冷机	高校、科研院所和企业	技术合作
	添加稀土的铁基大磁致伸缩材料的研发和应用	高校、科研院所和企业	技术合作
稀土发光材料	开发新型白光LED用荧光粉及其合成设备	高校、科研院所和企业	技术合作
	开发PDP(3D)显示探测用稀土发光材料及其关键制备技术	高校、科研院所和企业	技术合作
	开发太阳能电池用高效光谱转换材料及其应用技术	高校、科研院所和企业	技术合作
稀土储氢材料及镍氢电池领域	HEV用镍氢动力电池储氢负极材料产业化关键技术	高校、科研院所和企业	技术合作
	La-Mg-Ni系储氢材料产业化技术	高校、科研院所和企业	技术合作
稀土抛光材料	规模化稳定生产高性能氧化铈抛光粉关键技术与设备	高校、科研院所和企业	技术合作
	中试规模生产高性能氧化铈基抛光液关键技术与设备	高校、科研院所和企业	技术合作
稀土催化剂	开发同时具有低温活性和高温稳定性的多功能结构的稀土燃烧催化材料	高校、科研院所和企业	技术合作
	开发工业源排放挥发性有机物废气催化燃烧的低贵金属富稀土整体式催化剂	高校、科研院所和企业	技术合作
	开发烟气脱硝低温高效稀土催化剂	高校、科研院所和企业	技术合作
稀土掺杂特种功能材料	单分散高均匀特殊物性稀土掺杂助剂粉体制备技术	高校、科研院所和企业	技术合作
	耐高温、抗烧结热障涂层材料的开发	高校、科研院所和企业	技术合作

续表

名称	科技创新方向	创新主体	创新方式
稀土掺杂特种功能材料	高纯氧化铝陶瓷低温复合稀土烧结助剂的研究	高校、科研院所和企业	技术合作
	新型稀土掺杂光转换材料体系的开发	高校、科研院所和企业	技术合作
	稀土掺杂光转换材料在太阳能电池中的应用技术	高校、科研院所和企业	技术合作
	高性能氧化铝陶瓷低温常压烧结技术	高校、科研院所和企业	技术合作
特种钢及其延伸产品	替代进口的高端工模具钢研发	高校、科研院所和企业	技术合作
	航空、舰（潜）艇、核装备领域等特种合金材料研发	企业、科研院所	技术合作
	模具激光测量定位系统研发	企业、高校	技术引进
	特殊钢及延伸产品轻量化技术研发	企业、科研院所	技术合作
	电站用无缝钢管可靠性评价研究	企业、科研院所	技术合作
铅	铅膏先进预脱硫技术开发	企业、科研院所	技术合作
镁	镁合金晶粒细化技术	企业	联合技术开发
	镁合金熔体净化、精炼技术	企业	联合技术开发
	镁合金低压铸造工艺	企业	技术引进
	低成本AZ、AM系列镁合金压铸产品开发	企业	技术引进
	高性能镁合金铸件挤压铸造技术	企业	技术引进
	高品质镁合金铸锭质量控制优化工艺技术	企业	技术引进
	稀土镁合金低成本化	企业	技术引进
锌	锌资源综合利用技术	企业	技术合作
	高性能热镀锌合金材料的开发	企业	技术合作
铜	铜冶炼资源综合利用	企业、高校	引进吸收
	稀土合金铜研制	高校、科研院所和企业	技术合作

（三）现代材料产业技术创新路径

依靠自身资源、产业、科研基础，重点发展稀土功能材料、石墨烯新材料、硅材料、高分子材料、先进复合材料等新材料，开发材料绿色生产工艺，推进材料高效循环利用，实现传统材料转型升级。

打造中国"北方现代材料产业科技创新中心"。以稀土、有色、石墨烯和硅材料为重点，以产业为主线，通过产业链布局创新链，建设包括原料采选、制备技术、应用技术全链条，基础研发、生产工艺全环节，人才、平台、投入产出机制全要素的现代材料技术创新体系，支撑自治区现代材料产业安全、持续、高效、绿色发展。

实施"稀土+"创新战略，打造国家级稀土科技创新融合平台。依托北方稀土、包头稀土研究院、中科院包头稀土研究中心、包头稀土产业园等，以应用为牵引，企业主体创新，地方政府支撑，产学研深度融合，强化稀土加有色金属、稀土加环保、稀土加军事等领域的应用研究，打通产业上下游协同创新链条，争取建成"国家新材料生产应用示范平台"。

在自治区与中科院的战略合作框架下，联合中科院石墨烯科研力量，加快石墨烯新材料发明专利转移转化步伐。据初步统计，中科院有15个研究所在石墨烯方面持有发明专利。自治区可依托乌兰察布兴和县旺角石墨产业园、包头市青山区装备制造园区，鼓励内蒙古石墨烯材料研究院、瑞盛新能源研究院、自治区内高等院校加大与中科院的合作力度，进一步开展石墨烯市场调研，评估石墨烯专利转化的可行性，寻找石墨烯产业突破口。

依托自治区内国企实力，联合国内外科研机构，实现特殊钢材、高端有色金属产品的突破。

四、现代农牧加工产业

（一）现代农牧加工产业技术创新现状

产业发展趋势。生产力提升、资源高效利用和可持续发展是全球范围内农牧业科技发展的重要趋势。基因组学将促进育种技术的重大变革，资源节约列为农牧业科技发展的重要方向，对气候变化的影响和适应将进入农牧加工产业科技主流领域，食品安全和食品质量科技也将快速发展，农业信息化和精准农业科技已经成为创新的重点领域。

产业资源基础。内蒙古是我国马铃薯、玉米、饲草料的主产区，是牛奶、牛羊肉、羊毛和羊绒的主要供应基地，在我国粮食安全和高品质肉奶毛绒制品供应上处于战略保障地位。农牧业是自治区的基础优势产业，农牧产品加工业是继能源、冶金之后自治区第三大支柱产业，对于自治区当前及长远的经济可持续发展具有战略意义。自治区现代农牧业包括农业（马铃薯、饲草料、玉米加工业等）和现代畜牧业（乳品、肉类、羊绒等）两大板块，详见附表3-7。现代农业主要分布在内蒙中西部各盟市，农业种植面积较大，惠农政策陆续出台，农民种植积极性高，土地流转带来现代农业的规模化经营。现代畜牧业处于"黄金奶源地"，具有天然地理优势，初步建成了土默川平原区、河套平原区、锡林郭勒和乌兰察布农牧交错区、科尔沁草原和西辽河平原区、大兴安岭岭西区五大区域规模化、专业化农畜产品生产基地和乳品加工基地。围绕两大板块初步形成乳、肉、绒、粮、薯、饲六大主导产业，以乳产业、粮油产业为龙头，以肉类、羊绒产业为支柱，马铃薯（果蔬）、饲草料及特色产业多元发展的产业格局。特别是乳业发展势头良好，奶牛饲养量和乳制品市场占有率位居全国首位，涌现出伊利、蒙牛等行业龙头企业，形成品牌集团化优势,产业链较为完整,技术人才队伍力量强、市场优势明显、企业装备水平较高,支撑自治区农牧产业持续快速发展。党的十九大以来,内蒙古农牧业科技工作紧密配合自治区农牧业发展重点,围绕现代农牧业发展和脱贫攻坚的科技需求,不断完善农牧业科技创新的顶层设计,优化科技资源配置,基础研究平台建设实现重大突破,科技创新创业服务体系进一步健全,农牧业科技整体水平持续提升,在全国范围内处于先进行列。

附表3-7　　　　内蒙古现代农牧加工产业资源情况

现代农牧业	具体产业	资源情况	国内地位
现代农业	马铃薯	2019年内蒙古马铃薯种植面积29.74万公顷,总产鲜薯689万吨,创内蒙古马铃薯种植以来历史最高纪录。同时,内蒙古拥有大型马铃薯种薯生产企业18家,现有销售收入500万元以上马铃薯加工企业67家(其中:国家级龙头企业2家,自治区级龙头企业10家)	我国马铃薯的主产区,种植面积和总产量均居全国前列,加工规模处于全国领先地位
	饲草料	2017年青贮玉米种植面积983万吨,以青贮玉米为主的青贮饲草产量接近3000万吨。秸秆饲料化利用量1126万吨,利用率占收储量的36%。高产优质苜蓿商品草种植面积145万多亩。饲料生产企业加工能力单班达到400万吨以上,从业人数达到了1.5万人;年实际产量超过5万吨企业达到了13家,产量占到总产量的50%	饲草料生产能力全国领先;加工规模处于全国领先地位
	食品加工（如玉米）	2020年内蒙古玉米产量为2742.7万吨,比上年增长0.7%。以通辽、呼和浩特为核心区的两个玉米加工集群已具有一定规模,加工产品包括淀粉、酒精、淀粉糖、添加剂、酶制剂、调味品、药用及化工品等	玉米的播种面积和总产量均位居全国前列;玉米深加工产业技术水平低、大型企业少、产品品种少和总体规模小等问题依然比较突出

续表

现代农牧业	具体产业	资源情况	国内地位
现代畜牧业	乳品	2017年牛奶产量为693.0万吨	牛奶产量全国领先
	肉类	肉类总产量267.6万吨,同比增长3.4%;牛肉产量59.5万吨;羊肉产量首次突破百万吨,达到104.1万吨;猪肉产量73.5万吨	羊肉及牛肉产量全国领先
	羊绒	2017年绒毛的产量13.5万吨	细羊毛、山羊绒等产量全国领先
	育种	已获批国家级肉牛核心育种场2家、肉羊核心育种场1家。种羊场发展到439个,具备了年提供种公羊20万只的生产能力,引进国外优质品种种羊区内纯繁、本土驯化,供种能力突破5万只,已能够满足全区对引进品种的用种需求;种公牛站发展到5家,优质良种牛冻精年生产能力达到1000万剂,已成为国家重要的牛羊良种生产输出基地。牲畜良种化率达到90%以上	全国前列

数据来源:内蒙古自治区统计局。

产业技术需求。为推动内蒙古农牧加工产业发展,主要技术需求如下:在种植业技术方面,需构建现代生物育种技术体系、创新农作物耕作栽培管理技术等;在养殖业方面,需开展畜禽育种关键技术研究、提高畜禽养殖技术含量等;在草业技术方面,需重视野生牧草种质资源评价与利用、建设优质牧草种子繁育体系等;在林业技术方面,需重视林业生态建设支撑技术研究、林木长期育种工程等;在水产养殖技术方面,需重视开发大中水域渔业综合养殖技术、发展沿黄滞洪区大宗淡水鱼类放牧式养殖技术、集成低洼盐碱地池塘养鱼技术等;在地方特色种养技术方面,需重视特色野生资源开发,强化特色种养业关键技术研究等。

(二)现代农牧加工产业技术创新方向

一是价值链带动产业链,产业链带动创新链成为技术创新的重要方向。自治区现代农业产业链包含农业资源、育种、种植生产、栽培、农机、植保、贮藏、加工、产品流通等。现代畜牧业产业链包含饲料配合加工、繁殖育种、饲养养殖、屠宰加工、流通销售等。

二是通过科技重大专项的实施，突破现代农牧加工产业关键共性技术，取得若干具有自主知识产权的科技成果，建成达到或接近国家水平的创新平台或载体。种植业方面，重点开展马铃薯优良新品种选育及不同地区种植模式的高效栽培技术的集成。畜牧业方面，重点在肉羊、奶牛、肉牛等家畜的良种选育及标准化养殖方面开展研究示范工作。

三是发挥"绿色、天然、有机"优势，面向"安全、可持续、智能、高值"的创新方向，大力发展生态绿色、高效安全的现代农业技术，确保粮食安全和食品安全。突破一批农畜产品精深加工核心技术，以科技计划项目带动和培育一批农畜产品加工骨干企业，打造绿色品牌，延伸产业链，提升产品附加值，在乳、肉、粮、油及地方特色资源加工领域形成核心技术体系。

四是开展主要粮油作物、果蔬制品食品生产关键技术研究，开展无浪费式牛羊肉加工工艺研究与特色肉产品开发，加快乳制品和奶粉加工工艺和产品创新步伐，加大羊绒新产品开发力度。

五是推动主食产品研发，重点推进马铃薯主粮化主食化进程。推动温饱型为主体的食品消费格局向"风味、营养、便捷、功能"方向转变。加强主食加工研发体系、标准化技术体系建设，组建主食加工技术集成联合体。

六是建立农畜产品食品链全程卫生安全溯源体系和控制示范体系，重视加强食品添加剂和配料高效安全制造技术、食品原料和食品包装材料纳米化加工技术、食品高效分离提取技术、食品非热加工技术、可食性全降解食品包装材料工业化制造技术的研究开发。

七是加快推进农畜产品加工企业的设备更新和技术升级,稳定保持乳、肉、绒深加工生产装备与工艺技术的国内领先水平,加快形成粮油、薯果蔬、饲草料、健康保健产品产业加工技术体系等。

内蒙古现代农牧加工产业技术创新方向如附表3-8所示。

附表3-8　内蒙古现代农牧加工产业技术创新方向

现代农牧业			技术创新方向	技术创新主体	技术发展模式
现代农业	种植业（如：玉米、马铃薯、向日葵、杂粮等）	1	开展农作物种质资源收集、保存和利用,研究种质资源的结构多样性和功能多样性,建立精准表型和重要性状基因鉴定体系	高校、科研院所	自主研发
		2	建设和完善主要作物生物育种平台,突破主要作物传统杂种优势利用的高效育种技术	科研院所、企业	自主研发
		3	开展高效种子繁育配套技术研究	科研院所、高校	技术合作
		4	开展主要农作物优质高产品种配套栽培技术	科研院所、高校	技术合作
		5	农作物光、热、水、养分等资源优化配置与绿色高产高效种植模式	科研院所、高校、企业	自主研发
		6	"间套作"与"轮作休耕"等养地型生态种植模式与技术、粮饲兼顾型种植模式与耕作技术	科研院所、企业	自主研发
		7	农作物生长监测与精确栽培技术	科研院所、企业	自主研发
		8	主产区土壤培肥与耕作技术	科研院所、企业	自主研发
		9	农作物灾变过程及其减损增效调控技术等研究	科研院所、企业	自主研发
		10	创新现代农作物耕作栽培管理技术体系	科研院所、企业	自主研发
		11	开展主要农作物病虫草鼠疫情防控关键技术	科研院所、企业	自主研发
		12	危险性入侵物种与潜在入侵物种可持续综合防御与控制的关键技术	科研院所、企业	技术合作
		13	除病虫草剂减量使用技术	科研院所、企业	自主研发
		14	病虫害抗药性综合治理技术研究和新型农药	科研院所、高校、企业	技术合作

续表

现代农牧业		技术创新方向	技术创新主体	技术发展模式
现代农业	种植业（如：玉米、马铃薯、向日葵、杂粮等）	15 绿色防控生物农药研发	科研院所、高校、企业	技术合作
		16 突破保护性耕作、水肥药一体化、玉米籽粒直收、棉花采摘、马铃薯收获、向日葵收获、甜菜收获、杂粮精准播种与收获等机械化瓶颈技术	科研院所、高校、企业	自主研发
		17 创新精准作业等为代表的关键零部件效能提升和可靠性技术	科研院所、高校、企业	技术合作
		18 研发机械化栽种装备、精量水肥药施用机械、高效植保机械、高效自走式联合收获机械	科研院所、高校、企业	技术合作
		19 强化农机农艺融合研究，建立适合不同地域的农业装备系统和机械化、标准化生产技术规范	科研院所、高校、企业	技术合作
		20 作物节水生理调控技术	科研院所、高校、企业	自主研发
		21 增蓄降耗高效农艺节水技术	科研院所、高校、企业	自主研发
		22 新型集雨设施设备及高效利用技术	科研院所、高校、企业	自主研发
		23 创新地力提升、耕层增厚、养分平衡等土壤理化性状调控关键技术	科研院所、高校、企业	自主研发
		24 休耕轮作、有机培肥、残茬管理、多元养分协同等农田养分均衡调控技术	科研院所、高校、企业	自主研发
		25 研发有机肥、粪肥高效利用技术，实施农田养分综合管理	科研院所、高校、企业	自主研发
		26 研发无农药农产品生产关键技术，农作物秸秆高效资源化利用技术	科研院所、高校、企业	自主研发
		27 废旧地膜回收利用技术	科研院所、高校、企业	自主研发
	饲草	1 重视野生牧草种质资源评价与利用	科研院所、高校、企业	自主研发
		2 建设优质牧草种子繁育体系	科研院所、高校、企业	技术合作

续表

现代农牧业			技术创新方向	技术创新主体	技术发展模式
现代农业	饲草	3	加强天然草原保护、建设与利用	科研院所、企业	自主研发
		4	提升人工草地生产能力	科研院所、高校、企业	自主研发
		5	加强病虫鼠害防控与草产品加工贮运的技术研究	科研院所、高校、企业	自主研发
		6	支持生态草牧业示范区建设	政府、企业、科研院所、高校	自主研发
	食品加工	1	小麦面粉制品食品安全生产关键技术研究	科研院所、高校、企业	自主研发
		2	大豆蛋白提取工艺改进技术	科研院所、高校、企业	自主研发
		3	大豆不饱和脂肪酸及非转基因油脂系列产品加工技术	科研院所、高校、企业	自主研发
		4	大豆功能性成分提取技术	科研院所、高校、企业	自主研发
		5	燕麦、荞麦制品创新及食品安全生产关键技术	科研院所、高校、企业	自主研发
		6	燕麦草颗粒、草块等饲草产品加工技术	科研院所、高校、企业	自主研发
		7	荞麦除草剂生产关键技术	科研院所、高校、企业	自主研发
		8	新型燕麦、荞麦药品、保健品、化妆品等精深产品研制开发	科研院所、高校、企业	自主研发
		9	马铃薯功能性新产品研发	科研院所、高校、企业	自主研发
		10	马铃薯功能性成分提取与应用研究	科研院所、高校、企业	自主研发
		11	马铃薯优质变性淀粉生产技术引进与消化吸收再创新	科研院所、高校、企业	自主研发
		12	马铃薯第三代主食产品研发	科研院所、高校、企业	自主研发
		13	马铃薯馒头、面条、米粉等主食系列产品开发	科研院所、高校、企业	自主研发
		14	胡麻籽中木酚素高效提取技术	科研院所、高校、企业	自主研发

续表

现代农牧业			技术创新方向	技术创新主体	技术发展模式
现代农业	食品加工	15	胡麻油精炼技术	科研院所、高校、企业	自主研发
		16	胡麻新产品开发	科研院所、高校、企业	自主研发
		17	胡麻饼粕综合利用研究	科研院所、高校、企业	自主研发
		18	胡麻秸秆焚烧带来的大气污染问题研究	科研院所、高校、企业	自主研发
		19	胡麻纤维提取及高效利用	科研院所、高校、企业	自主研发
		20	向日葵种皮、秸秆功能成分应用及产品开发	科研院所、高校、企业	自主研发
		21	秸秆肥料化、饲料化、能源化、基料化、原料化利用技术	科研院所、高校、企业	自主研发
		22	果蔬产品精深加工技术	科研院所、高校、企业	自主研发
		23	脱水蔬菜干燥技术	科研院所、高校、企业	自主研发
		24	专用型果蔬功能成分提取及加工技术	科研院所、高校、企业	自主研发
现代畜牧业	奶牛	1	三河牛、草原红牛等地方良种遗传资源挖掘、保护与利用研究	政府、科研院所	自主研发
		2	围产期奶牛及断奶犊牛营养调控关键技术研究	科研院所	技术引进
		3	奶牛常见病和营养代谢病防控技术规程的建立	科研院所、高校	自主研发
		4	生鲜乳第三方检测制度的应用效果评价	政府、科研院所、高校	自主研发
		5	精液品质遗传评估与精液冷冻保存新技术研究	科研院所、高校	自主研发
		6	奶牛饲料资源高效利用和青贮玉米加工调制关键技术研究	科研院所、高校	自主研发
		7	规模化奶牛场寄生虫病防控关键技术规程的建立	科研院所、高校、企业	自主研发
		8	功能性乳制品的研究与开发	企业	自主研发

续表

现代农牧业		技术创新方向		技术创新主体	技术发展模式
现代畜牧业	奶牛	9	奶牛重要经济性状相关基因网络分析与分子育种技术研究	科研院所、高校	合作研发
		10	奶牛TMR饲喂技术的应用	科研院所、高校、企业	自主研发
		11	不同饲养模式下的奶牛产乳效率研究	科研院所、高校	自主研发
		12	规模奶牛场标准化生产关键技术研究	科研院所、高校	自主研发
		13	优质乳生产的奶牛营养调控与规范化饲养技术	科研院所、企业	自主研发
		14	奶牛场粪污无害化处理和资源化利用技术研究	科研院所、企业	自主研发
		15	应用胚胎移植技术快速繁育优质高产奶牛	科研院所、高校	技术引进
		16	利用指纹图谱技术快速筛查乳中风险因子技术开发	科研院所、企业	自主研发
		17	奶牛非常规饲料资源的开发利用	科研院所、高校	自主研发
		18	奶牛福利养殖智能化关键技术装备研究	政府、科研院所、企业	技术引进
		19	奶牛社会化服务体系建设与推广	政府、科研院所、企业	自主研发
		20	黄曲霉毒素对奶牛生产的危害及其控制措施	科研院所、高校	自主研发
		21	低淀粉日粮在奶牛饲养中的应用	科研院所、高校	技术引进
	肉牛	1	优质牛专门化品系选育和配套系筛选	企业	自主研发
		2	高繁殖力优质高档型肉牛专门化品系选育和配套系筛选	企业	自主研发
		3	肉牛重要经济性状相关基因网络分析与分子育种新技术研究	科研院所、高校	技术合作
		4	肉牛联合育种关键技术研究与平台建设	科研院所、高校	自主研发
		5	细胞工程快速、高效扩繁新技术研究	科研院所、高校	技术合作
		6	肉牛繁殖障碍的形成机理和综合防制研究	科研院所、高校	技术合作

续表

现代农牧业			技术创新方向	技术创新主体	技术发展模式
现代畜牧业	肉牛	7	不同品种和养殖模式下肉牛的营养需要模型研究	科研院所、高校	自主研发
		8	安全环保型饲料添加剂研究与开发	科研院所、高校	自主研发
		9	重大外来动物疫病发生机理与监控基础研究	科研院所、高校	技术合作
		10	准确、方便、快速诊断检疫技术与试剂盒开发	科研院所、高校	自主研发
		11	新型、安全、高效疫苗和兽药的研制	科研院所、高校	自主研发
		12	规模化牛场废弃物无害化处理和资源化利用技术研究	科研院所、高校	自主研发
		13	牛肉链全程卫生安全控制体系建立与示范	科研院所、高校	自主研发
		14	牛肉制品加工工艺和产品创新	科研院所、高校	自主研发
		15	冷鲜牛肉生产工艺和关键技术研究	科研院所、高校	技术合作
		16	规模化养牛生产工艺创新和设备研发	科研院所、高校	自主研发
		17	肉牛产业预警体系建立和产业链上利润分配机制研究	科研院所、高校	自主研发
	肉羊	1	肉羊新品种（系）选育及繁育技术研究与示范	科研院所、高校、企业	自主研发
		2	肉羊分子育种技术与遗传资源评价	科研院所、高校	自主研发
		3	肉羊追溯系统关键技术的示范推广	科研院所、高校、企业	技术合作
		4	肉羊杂交配套系的建立与产业化示范	科研院所、高校、企业	技术合作
		5	肉羊饲料数据库的建立及标准化饲养关键技术的研究	科研院所、高校	自主研发
		6	肉羊粗饲料资源的开发利用技术研究及饲用安全性评价	科研院所、高校	技术合作
		7	羔羊标准化育肥技术研究与产业化示范	科研院所、高校、企业	技术合作

续表

现代农牧业			技术创新方向	技术创新主体	技术发展模式
现代畜牧业	肉羊	8	绵、山羊主要疾病诊断检测技术及高效疫苗、兽药研究与示范	科研院所、高校、企业	技术合作
		9	绿色羊肉生产及产品精深加工的开发与研究	企业	自主研发
		10	肉羊遗传资源的引进及合理利用的研究	科研院所、高校、企业	技术合作
	细毛羊	1	内蒙古优质细毛羊种质资源保护与利用创新	科研院所、技术推广部门、企业	自主研发
		2	优质细毛羊专门化品系选育和产业化开发	科研院所、技术推广部门、企业	自主研发
		3	影响细羊毛性状的机理机制和功能基因开发	高校、科研院所	自主研发
		4	不同品种和养殖模式下细毛羊的营养需要模型研究	高校、科研院所	技术合作
		5	安全环保型饲料添加剂（增毛）研究与开发	高校、科研院所	自主研发
		6	重大外来动物疫病发生机理与监控基础研究	高校、科研院所	自主研发
		7	超细羊毛生产工艺和关键技术研究	科研院所、技术推广部门、企业	技术合作
		8	细毛羊联合育种关键技术研究与平台建设	科研院所、技术推广部门、企业	自主研发
		9	细毛羊新品系选育和关键技术研发	科研院所、技术推广部门、企业	自主研发
		10	繁殖技术集成配套在提高细毛羊繁殖率中的应用	科研院所、技术推广部门、企业	自主研发
		11	细羊毛生产流通机制的研究	科研院所、技术推广部门、企业	自主研发
		12	细毛羊高效养殖模式研究和推广	科研院所、技术推广部门、企业	自主研发
	绒山羊	1	高产、超细绒山羊新品系选育技术研究	高校、科研院所	自主研发
		2	绒山羊的营养需要量及饲养标准的建立	高校、科研院所	自主研发
		3	绒山羊疾病综合防治措施研究	高校、科研院所	技术合作

续表

现代农牧业			技术创新方向	技术创新主体	技术发展模式
现代畜牧业	绒山羊	4	绒山羊高效生产关键技术研究与示范	高校、科研院所、企业	自主研发
		5	绒山羊冷冻精液技术研究与推广	高校、科研院所、企业	技术合作
		6	羊绒品质快速检测技术的研究	高校、科研院所、企业	技术合作
		7	产业链利润分配调节机制研究	高校、科研院所、企业、政府	技术合作
		8	提高产绒量技术的研究	高校、科研院所、企业	自主研发
		9	绒山羊标准化示范区的建立	高校、科研院所、企业	自主研发
		10	高档羊绒加工工艺研发	企业	技术合作

(三)现代农牧加工产业技术创新路径

进一步提升现代农牧业领域的科技创新能力,依托丰富的农牧业资源,围绕农牧加工业全产业链,加强农牧业源头技术、关键共性技术、加工技术和生态环保技术创新,建设内蒙古现代农牧业技术创新体系,打造中国"北方农牧业科技创新中心"。

以马铃薯、玉米、饲草、奶牛、肉牛、肉羊、细毛羊、绒山羊等农牧产品为单元,以产业为主线,通过产业链布局创新链,建设从产地到餐桌、从生产到消费、从研发到市场各个环节紧密衔接,支撑自治区农牧业安全、持续、高效、绿色发展的技术创新体系。

着眼于中长期发展的重大科技创新方向,围绕农作物和动物育种、动植物优良种质资源生物基因图谱,兽药和疫苗,转基因克隆奶牛、肉牛、肉羊研究等源头性、关键共性技术设立重大科技专项,整合内蒙古自治区农牧业科学研究院、内蒙古自治区生物技术研究院、内蒙古大学等科研力量,建立基础性研发平台组织联合攻关。

农业强化设施、农机装备、农区面源污染防控等关键技术的研究开发，建立适应不同地域特征的良种、良法配套的技术规程和标准，推进农业物联网试验示范，加强农业信息技术推广应用；牧业强化饲养管理、疫病防控、污染防控和风险预警等技术和畜产品溯源体系的集成开发，综合应用新品种、新技术、新方法、新设备，为畜牧业生产实现质和量的提升打好基础、提供支撑。

发展绿色、生态农牧业，推进"节地、节水、节肥、节能"和资源循环增效利用为重点的农业生产方式；大力推行标准化生产，加快农畜产品标准体系建设，努力实现农畜产品的精深加工，增强品牌效益，确保农畜产品的质量安全。

在各关键技术创新方向上，依托科研院所、高校、企业等不同的创新主体，采用不同的技术创新发展模式。

五、现代健康产业

（一）现代健康产业技术创新现状

产业发展趋势。人类正在面对由于人口老龄化和生活方式改变带来的健康和疾病问题的挑战。在这种情况下，我国需要以预防和控制重大慢性疾病为核心，将抗击疾病的重心前移，形成世界先进水平的生物安全、食品安全、健康营养生活方式的科技保障系统。内蒙古健康产业科技创新的方向是促进生命科学、蒙医药、中医药、生物工程等多领域技术融合，研发创新药物、新型疫苗、先进医疗装备、蒙医传统诊疗设备和生物治疗技术，开展布病防治基础研究、疫苗技术研发，制定预防管理技术规范，提升重大疾病防治、公共卫生、生殖健康等技术保障能力。

产业资源基础。健康产业是全球范围内的朝阳产业，是新一轮科技革命和产业变革的重要组成部分。在我国，党中央、国务院于2016年10月颁布了《"健康中国2030"规划纲要》，明确了健康产业在国民经济中的战略地位。自治区发挥生物资源、生物产业和生物技术优势，加强技术创新，积极发展生物医药、生物农牧业、生物制造等特色产业，打造技术领先、特色突出、惠及民生的健康产业。内蒙古依托自身生物资源、医药资源和旅游资源的丰厚资源禀赋，聚焦国家战略，发掘培育特色健康产业，推动产业融合具有得天独厚的优势。内蒙古地处祖国北部边疆，全境以高原为主，东部草原辽阔，西部沙漠广布，有众多湖泊，黄河流经本区西南部，医药资源丰富。自治区现代健康产业技术体系包括药品类（生物制药、蒙中医药等）、食品类（保健食品、特色食品等）、物品类（医疗器械、保健用品等）和服务类（健康服务、生态旅游等）四大板块，详见附表3-9。基于资源优势，内蒙古健康产业的产业规模持续快速增长，特别是在医药、健康养老、健康旅游等领域增长迅速，但是与国内和世界先进水平还有较大的差距。主要表现在：缺乏科学规划，产业体系尚不明晰；医疗服务能力水平偏低，高端优质医疗资源较少；核心项目优势不突出，核心竞争力较弱；缺乏统一的科学规划；产业种类较为单一；大多数企业规模较小，研发力量薄弱，缺乏对竞争力产品、核心技术、健康服务、传播路径等的系统整合。

产业技术需求。围绕健康促进、慢病管理、养老服务等需求，重点发展健康管理、智能康复辅具、健康营养食品开发、环境健康、科学健身、中医药养生保健等新型健康产品。以新一代信息技术为支撑，重点突破网络协同、分布式系统、临床决策支持等关键技术，支持分级诊疗、区域协同和整合服务，提高健康服务的可及性。

附表3-9 内蒙古现代健康产业资源情况

现代健康产业	具体产业	资源和产业基础	科研力量
药品类	生物制药	境内沙生植物有沙棘、麻黄等100多种,野生动物有马鹿、驼鹿等114种,微生物资源在酸奶、奶酪和马奶酒等方面都形成了一定的产业规模; 药用植物有甘草、黄芪等104种,药用动物有马、牛、羊、驴等,在医药微生物方面,如双歧杆菌的开发已形成产业	生物资源居全国前列
药品类	蒙中医药	现有蒙医医疗机构(含蒙医医院、蒙医中医医院、中医蒙医医院)97家、研究机构6家、蒙药企业5家; 蒙医药古籍文献整理、标准化研究、临床课题研究、蒙药新药研发、蒙药剂型改革等取得了一定成绩; 已整理、翻译、研究、出版蒙医药文献著作和专著260余部	国内特色,全国一流
食品类	保健食品	奶粉、食用油; 运用生物技术进行生物小分子活性肽的研发生产,是国内动物肽原料生产供应商	行业发展极不规范
食品类	特色食品	小杂粮丰富,主要包括高粱、谷子、荞麦、燕麦、糜子、薏仁等16大种,几百余小种	全国三大小杂粮主产区之一
物品类	医疗器械	医疗器械主要依赖进口	实力较弱
物品类	保健用品	年生产辅酶Q10原料药300吨。培育出稳定高产的生产菌株,进行大规模发酵生产。现为全球主要的辅酶Q10供应商	国内领先地位
服务类	健康服务	健康服务设施相对较少,服务水平有待提高; 传统服务仍占主体,现代服务规模弱小; 注册机构类型相对单一	与全国相比存在一定差距
服务类	生态旅游	呼伦贝尔、通辽、赤峰、锡林郭勒、鄂尔多斯等地先后开发建设多处草原旅游区,形成了相当的旅游接待规模,草原旅游已经成为自治区旅游的主题形象和核心竞争力	国内领先地位

(二)现代健康产业技术创新方向

一是生物医药。加速新药创制和产业化,以临床用药需求为导向,着眼重大公共卫生安全和重大疫病防治,着力提升抗心脑血管、抗肿瘤、抗病毒等原料药、诊断试剂、疫苗等产品研发和生产能力。与国际国内先进水平对标,做强做优做大口蹄疫疫苗。研发新型实用活性疫苗、新型牛羊布鲁氏病菌活疫苗、人用脑膜炎三联结合疫苗等新产品。扩大定君生、金双歧等微生态制剂产能,推进新特药、营养保健食品等新产品开发和产业化,培育国内领先的微生态制剂龙头企业,建成世界最大的抗生素类原料药生产基地。

二是蒙中医药。改造升级蒙药中药生产线,开发蒙药配方剂和中药配方颗粒,加快蒙中医药产业化进程。健全蒙中医药临床诊疗、传统疗术技术操作和疗效评价、蒙药材、蒙药炮制规范标准,建成较为完善的蒙中医药标准体系。加强蒙中医药质量和品牌建设。

三是化学药。改造阿莫西林、克拉维酸钾、氨基酸等化学原料药生产工艺,提升质量管控水平。筛选和支持有条件的企业,对市场潜力大、临床急需、国外专利即将到期的甲硝唑片、尼群地平片等药品,开展仿制药一致性评价,提升制药质量,推动仿制药临床替代原研药和进口药。

四是保健食品与特色食品。重点开发强化婴幼儿奶粉、益生菌发酵产品等新型乳品加工技术。自治区燕麦、荞麦等自然作物资源丰富,适合研制开发新型燕麦、荞麦药品、保健品等精深保健产品。积极引进国内外装备制造先进技术,加快医疗器械的国产化。

五是发展新型健康医疗服务模式。以移动互联网、云计算、大数据等新一代信息和网络技术为支撑,推动信息技术与医疗健康服务融合创新，以数字化、网络化和协同化为方向，重点突破网络协同、分布式支持系统等关键技术，建立多学科协同的集成式疾病诊疗服务模式和健康闭环管理模式。科学应对人口老龄化，推动养老服务模式创新，以智能服务、个性化服务为方向，研究养老服务科技解决方案。开发数字化健康及医疗管理、远程医疗技术，推进预防、医疗、康复、保健等服务网络化、定制化，构建医养康复一体化的普惠型健康保障体系，有力支撑健康中国建设。

六是生态旅游。建设生态城市，治理和防护河道生态和边坡生态，监测评估草原生态环境和森林生态环境，保护生物多样性，保护好生态旅游赖以可持续发展的资源。

内蒙古现代健康产业技术创新方向如附表3-10所示。

附表3-10　　内蒙古现代健康产业技术创新方向

现代健康产业			技术创新方向	技术创新主体	技术发展模式
药品类	生物制药	1	干细胞研究及转化技术	科研院所、高校	自主研发
		2	微生物发酵工程技术	科研院所、高校	自主研发
		3	生物活性酶、活性因子提取及应用技术	科研院所、高校	自主研发
		4	乳酸菌资源利用及相关产品开发技术	科研院所、企业	中外技术合作
	蒙中医药	1	复方蒙药发现和药效活性评价关键技术	科研院所、高校、企业	自主研发
		2	蒙药活性成分发现及辨识技术	科研院所、高校、企业	自主研发
		3	蒙药药效学研究与安全性评价	科研院所、高校、企业	自主研发
		4	蒙药活性成分的制备技术	科研院所、高校、企业	自主研发

续表

现代健康产业			技术创新方向	技术创新主体	技术发展模式
食品类	保健食品	1	食品保健品精深加工技术	企业	技术引进
		2	绿色健康食品制作工艺技术	科研院所、高校、企业	自主研发
		3	食品安全检测技术	高校、企业	自主研发
	特色食品	1	食品高效分离提取技术	科研院所、企业	技术引进
		2	食品原料和食品包装材料纳米化加工技术	科研院所、高校、企业	自主研发
		3	食品非热加工技术	企业	技术引进
物品类	医疗器械	1	医疗器械国产化制造技术	科研院所、高校、企业	自主研发
	保健用品	1	保健产品产业加工技术	企业	技术引进
		2	保健品精深加工技术	科研院所、企业	自主研发
服务类	健康服务	1	健康服务信息化技术	科研院所、高校、企业	自主研发
	生态旅游	1	生态旅游资源可持续利用技术	科研院所、高校、企业	自主研发

（三）现代健康产业技术创新路径

构建蒙中医药科技创新平台，加强医药领域政产学研用的协同创新体系。加强原研药、首仿药、蒙药、中药、新型制剂、高端医疗器械等创新能力建设，扶持建设一批技术研发、产业化、安全评价、临床评价等公共服务平台。鼓励和吸纳其他相关学科高水平研究机构与创新平台参与蒙医药科技创新，发挥内蒙古蒙医蒙药产业技术创新战略联盟作用。

建设国际一流的蒙医药临床研究基地、科研基地、人才培养基地、科技成果转化基地和国际合作基地。完善由多学科参与的蒙医药防治慢病和传染病临床研究体系等协作网络。整合各类科技资源和数据信息，推进大型科学仪器设备、科技文献、科学数据等蒙医药科技基础条件平台建设，加快建立健全开放共享的运行服务管理模式和支持方式。

加强生物技术在生物制药产业的创新能力建设。选准研发项目，加强与研究机构建立良好关系，提高新药开发研究投入能力，打造适应市场需求的产品。注重研发人员投入，通过丰厚的待遇和完善的研发条件吸引研发人才，逐步建立具有较强综合实力的研发团队。提高创新药物研发的资金投入强度，充分考虑创新药物的价值和市场前景，强化对创新药物研发的风险投资意识，通过发行股票、企业债券和贷款等多种方式筹集研发资金。

建设食品安全质量检测和追溯公共平台。提取生产、加工、流通、消费等供应链环节作为公共追溯要素，建立自治区食品安全信息数据库，根据溯源进行有效的控制和召回，从源头上保障消费者的权益，提高本土食品在国内外市场的竞争力。

建设健康产业数字化平台。大力发展"互联网+蒙医药"，深化互联网与蒙医药各领域的融合发展，促进蒙医药产业结构调整与提质增效。健康产业的发展需要依靠"互联网+"、大数据等信息化手段，构建健康大数据平台，加强健康管理和慢病管理防控。依赖技术创新，促进健康信息共建共享，使更多市场主体参与其中，共同做大健康管理市场，使广大群众共享发展成果。

六、现代绿色生态产业

（一）现代绿色生态产业技术创新现状

产业发展趋势。开发资源节约、环境治理和生态环保的新技术是绿色生态产业技术发展的重要趋势。环境保护、环境恢复、能源供给、清洁生产、洁净产品、废弃物处理和利用等是绿色生态产业发展的重要领域，同时延伸到保护生态系统方面提供产品和服务的行业，如环境监测相关产品、设备、服务等新领域。从国际产业发展趋势来看，美国、日本等国家都将绿色生态产业作为经济复苏的重要动力。其中美国是世界最大的环保技术生产和消费国，占全球环保产业总值的19%，在固体废弃物和有害废弃物管理、环境工程和分析等方面遥遥领先于世界平均水平；日本在洁净产品设计和生产方面发展迅速，节能产品和生物技术也是集中发展的对象；德国是全球再生资源利用率最高的国家，将节能环保产业作为支柱产业，通过持续不断技术创新保持国际竞争力，其中近80%的德国生态生产领域均属于研究和知识密集型。

产业资源基础。内蒙古是我国北方面积最大、种类最全的生态功能区，是"三北"地区重要的生态防线，也是北方重要生态安全屏障，一直肩负着我国向北开放的窗口和桥梁使命，在"一带一路"建设的中俄蒙经济走廊中有着不可替代的地位。从区位优势上看，内蒙古地处祖国北部边疆，横跨东北、华北、西北，北部拥有长达4221公里的接壤边境线，毗邻蒙古国和俄罗斯两个国家。具有16个国家级的对外开放口岸，具有最经济、最便捷等特点的海陆联运的满洲里口岸、二连浩特铁路口岸等我国重要的进出口资源通道。从产业资源优势上看，内蒙古具有资源型产业发展优势，自然条件、矿产资源以及可再生能源丰富，是水系地区的源头。煤炭储量极其丰富，石油和天然气的蕴藏量可观，有色金属的储量也排在全国前列，是我国重要的风能资源区和太阳能资源区。从生态功能优势上看，2016年国务院批复的676个国家重点生态功能区的县市区旗，内蒙古占据16个，同时内蒙古大兴安岭19个林业局全部纳入国家重点生态功能区[①]。2018年4

---

① 《内蒙古大兴安岭19个林业局全部纳入国家重点生态功能区》，中国政府网，2016年10月20日，http://www.gov.cn/xinwen/2016-10/20/content_5122235.htm。

月，内蒙古自治区人民政府印发了关于扎兰屯市、新巴尔虎左旗、新巴尔虎右旗、科尔沁右翼中旗、阿尔山市等16个国家重点生态功能区产业准入负面清单，将全区43个旗县市行政辖区内不适宜继续发展的产业划分为限制和禁止两类，并对应提出管控要求。比如，对于现有主导产业中铅锌矿采选提出禁止新建、环境治理、生态修复、资源整合和技术改造的要求，禁止新建烟煤和无烟煤开采洗选、皮革鞣制加工、炼焦、炼铁，禁止狩猎和捕捉保护类野生动物等。同时，鼓励新建达到国家和自治区准入要求的石油开采，推广行业节能技改，要求生产废水全部收回循环利用等。经过多年的生态治理，内蒙古实现森林覆盖率、草原植被盖度连续"双提高"，荒漠化、沙化土地持续"双减少"。据第九次全国森林资源清查结果显示，内蒙古森林面积由2013年的3.73亿亩增加到3.92亿亩，森林覆盖率由21.03%提高到22.10%[①]。

产业技术需求。内蒙古"三废"产品的分拣、拆解与清洗等技术落后，缺乏专有设备进行进一步处理，企业仍然依靠政府补贴政策，缺乏动力进行"三废"产品处理和关键技术的研发创新，表现在内蒙古固体废弃物垃圾处理更多的是填埋或焚烧，资源化处理率较低（见附表3-11）。从内蒙古的发展目标来看，要想打造北方生态环境保护研究平台，还需要提高资源循环利用领域的技术创新能力，整合技术创新资源。鼓励建立绿色生态产业技术创新战略联盟，与高校院所展开合作，增强企业将创新型试点项目带入高校孵化可行性，在一些关键技术上取得突破，同时从可复制人才培养的角度进行项目甄别和筛选，通过专业指导培养产业技术发展所需要的人才。

---

① 《内蒙古森林面积达到3.92亿亩》，国家林业和草原局政府网，2019年4月11日，http://www.forestry.gov.cn/main/72/20190410/172822730468492.html。

附表3-11　　　　　　　内蒙古"三废"情况

		2016年总量	2011年总量	2011年至2016年变化率
废水中主要污染物排放量	废水排放总量（万吨）	104696	100389	4%
	化学需氧量（万吨）	16.95	91.9	−82%
	氨氮（万吨）	2.13	5.4	−61%
	总氮（万吨）	2.8	15.9	−82%
	总磷（万吨）	0.15	1.7	−91%
	石油类（吨）	237.9	808.1	−71%
	挥发酚（吨）	6.2	5.9	5%
	铅（千克）	2066.6	3086.7	−33%
	汞（千克）	19.8	43.5	−54%
	镉（千克）	542.5	549.1	−1%
	六价铬（千克）	45.7	31.4	46%
	总铬（千克）	107.8	114.2	−6%
	砷（千克）	3877.4	4929.6	−21%
废气中主要污染物排放量	二氧化硫（万吨）	62.57	140.94	−56%
	氮氧化物（万吨）	64.53	142.19	−55%
	烟粉尘（万吨）	59.9	73.99	−19%
固体废弃物处理利用情况	一般工业固体废弃物产生量（万吨）	24762	23584.11	5%
	综合利用量（万吨）	11359	13701.29	−17%
	处置量（万吨）	6245	7429.33	−16%
	贮存量（万吨）	7329	2646.88	177%
	倾倒丢弃量（万吨）	1.81	3.1	−42%
	危险废物产生量（万吨）	235.53	111.88	111%
	危险废物综合利用量（万吨）	68.21	54.43	25%
	危险废物处置量（万吨）	136.72	49.93	174%
	危险废物贮存量（万吨）	91.43	11.65	685%

（二）现代绿色生态产业技术创新方向（见附表3-12）

一是"三废"（废气、废水、废渣）治理与资源利用。突破工业领域"三废"的减量化、资源化和无害化技术开发与应用。突出废矿尾矿处理、电解铝烟气处理、氟化物处理、煤化工高盐废水处理、城镇污水处理、粉煤灰利用、重金属污染场地修复、农作物秸秆综合利用、畜禽粪便处理利用等领域关键技术研发。

二是高效节能。着力加强钢铁、有色金属、电力、煤化工、氯碱化工、建材等重点行业节能技术装备研发和重点示范工程建设，支持太阳能集热系统、地源热泵等新产品应用。整合高耗能企业的余热、余压、余气资源，鼓励利用余热采暖、利用余能和低温余热发电。借助信息网络技术加强系统自动监控和智能分析能力，促进提高综合能效。推进化石能源近零消耗建筑技术产业化，大力推广应用节能门窗、绿色节能建材等产品。

三是先进环保。大力发展燃煤电厂脱硫、脱硝、除尘及超低排放技术和装备，以及钢铁、有色金属冶炼企业的烟气脱硫技术装备。重点发展城镇污水处理厂提标改造的关键技术和装备，畜禽养殖污水收集、集中处理利用设施。推广工业集聚区污水治理技术、高浓度难降解工业废水成套处理装备、重金属废水处理及回用技术。大力发展生活垃圾分类收集、处理处置和危险废物、工业固废、农业秸秆处理处置先进技术。加强环境监测、监控仪器设备和环境信息化装备的开发与应用。引进环境监测传感器、物联网芯片等装备的制造，提高细颗粒物（PM2.5）等监测设备的稳定性，推进大气、水等环境质量自动监测设备和生态监测技术设备的应用。

四是退化草原生态系统恢复重建。草甸、草甸草原、典型草原、荒漠草原不同水分条件下半人工草地、人工草地建植技术，草原生态系统生物多样性恢复，草地休牧轮牧与人工促进改良技术，重度退化草地退化植被人工重建恢复技术与定向经济型植物种植示范，沙化草原区综合治理与植被恢复技术，草原蝗灾、鼠害治理与生态预警技术，鼠害预警与控制技术体系，草地牧草与放牧家畜耦合、互作。草地退化过程及其形成的自然与人为耦合机制，定量评估与权衡天然草地生态系统服务价值，不同类型与成因的退化草地稳定恢复与合理利用技术，天然草地生态系统服务评估技术，草地资源与畜群结构时空优化配置及精准管理技术，旱作人工草地建植与高效草业种植—加工—销售一体化产业技术。

五是沙地生态系统恢复重建。科尔沁沙地、浑善达克沙地、毛乌素沙地、乌兰布和沙漠等综合治理技术集成与示范，沙漠锁边防护林体系建设技术与模式，耐干旱、耐风沙优质牧草及灌木大面积培育关键技术，灌草结合多层次林分结构建设，沙地人工植被配置技术和系统优化模式研究，中大尺度沙地生态系统稳定植被组合空间格局研究，土壤有机固化剂固沙及喷播恢复植被一体化技术，沙障—植生袋植被恢复一体化技术，沙区植被恢复与重建配套技术，大面积流动沙丘绿色隔离带构建技术。防沙治沙区域性成效与评估技术研究。沙地退化植被人工促进恢复、沙漠经济植物引种与栽培、藻草灌复合植被恢复与保育、流动沙丘综合固沙及造林、风沙入黄防治等研究。针对内蒙古干旱、半干旱沙地生态系统的珍稀濒危植物种，采用非损伤诊断技术快速确立珍稀濒危植物衰退等级，开展平茬复壮、扦插繁育、组培扩繁技术对珍稀濒危植物进行保育，监测与评价群落稳定性，提高珍稀濒危植物的保护和拯救水平。

六是天然林区退化生态系统恢复重建。樟子松林、榆树疏林、胡杨林、梭梭林、沙地柏灌丛、山杏灌丛、沙棘等天然林资源保护、更新和利用技术，林草植被构建的物种选择及其栽培与繁育技术，林草植被结构优化、配置与构建技术，林草植被生态功能持续稳定维持技术；大兴安岭林区及森林草原过渡区稀有林草品种保护和有害生物防治核心技术，林下资源开发利用关键技术，困难立地造林与生态经营管理综合配套技术，低效人工植被更新改造技术，新型集雨与保水造林技术，抗旱造林系列技术与工艺。

七是资源循环利用。支持大宗工业固体废物综合利用，推广煤矸石生产超细纤维、高档保温隔热材料、陶瓷制品、煤系高岭土等产品及发电、胶结充填技术的应用，推广粉煤灰分质分级利用系统化、粉煤灰提取氧化铝和高附加值元素、粉煤灰制作纤维纸浆、粉煤灰制备超细纤维等技术，开发钢渣大规模低能耗破碎磁选、有色冶金渣提取有价金属及整体利用、含重金属冶炼渣无害化处理及深度综合利用技术。实施"城市矿产"工程，完善废旧物品、废旧电子产品和电器的回收利用体系。推广生活垃圾焚烧发电、生物处理、生产新型燃料等资源化利用方式。推动畜禽养殖和农业种植废弃物的资源循环利用，重点发展农作物秸秆粉碎还田及其生产燃料、沼气、生物天然气、生物柴油、乙醇、饲料、肥料、人造板材、食用菌等产品的技术和设备。加强循环经济示范园区建设，促进园区内企业废气、废水、废渣等资源就地循环利用。

八是发展沙生产业。应针对内蒙古实际，对沙区经济灌溉、特产药材以及矿产资源进行大力开发利用，形成规模经济，将全球荒漠化治理与沙产业发展紧密结合，更好地改善沙区生态，保护草原生态环境，改变牧民传统生产方式，增加牧民收入，发展绿色经济，让沙漠资源更好地造福人类。如阿拉善盟近年开发利用沙生中药材、甘肃酒泉地区对甘草资源的开放利用等都是成功的经验。目前，国家已经将沙漠和沙漠化地区的开发利用纳入整个社会经济发展计划，如何按自然规律和经济规律科学发展沙产业成为关键，应树立沙漠生态经济学观点，合理开发沙漠资源，遵循开发利用与治理改造相结合、因地制宜开发不同类型沙漠、注重水土平衡、合理利用水资源和环境承载力等原则，不断加强荒漠化防治科研投入的统筹规划，从基础研究、关键技术以及产业科技创新等各个层面开展科技攻关，打造北疆荒漠化防治的科技示范带。

附表3-12　　内蒙古现代绿色生态产业技术创新方向

现代绿色生态产业		技术创新方向	技术创新主体	技术发展模式
"三废"治理产业	1	大气污染控制（除尘运营体系）	高校、科研院所	自主研发
	2	污水处理技术和装备（膜处理、工业废水深度处理技术）	高校、科研院所	自主研发
	3	垃圾处理（垃圾收集、压缩、处理成套设备）	科研院所、高校、企业	自主研发
	4	稀土冶炼废水综合治理技术研究	高校、科研院所、企业	技术合作
	5	开发工业源排放挥发性有机物废气催化燃烧的低贵金属富稀土整体式催化剂	高校、科研院所、企业	技术合作
	6	开发烟气脱硝低温高效稀土催化剂	高校、科研院所、企业	技术合作
节能环保产业	1	节能技术和设备（高效换热器、高效节能锅炉窑炉技术）	科研院所、高校、企业	自主研发
	2	开发新型白光LED用荧光粉及其合成设备	高校、科研院所、企业	技术合作
	3	新型节能建材（新型环保隔热防火材料）	科研院所、企业	自主研发
	4	节能系统（电网节能降耗、配电电网自动化检测系统）	科研院所、高校、企业	自主研发
	5	开发太阳能电池用高效光谱转换材料及其应用技术	高校、科研院所、企业	技术合作
	6	安全环保型饲料添加剂研究与开发	科研院所、高校	自主研发
	7	高效清洁选冶工艺的研究	高校、科研院所、企业	技术合作
	8	环保产品（布袋除尘器高端纤维滤料、水处理消毒剂）	高校、科研院所	中外技术合作
	9	高效环保稀土复合稳定剂生产技术	高校、科研院所、企业	技术合作
	10	电炉提质增效和余热利用技术	企业	自主研发

续表

现代绿色生态产业		技术创新方向	技术创新主体	技术发展模式
节能环保产业	11	高效低耗热处理技术研发	企业	自主研发
	12	数据资源深度利用技术研发，开展全区生态环境大数据平台设计	科研院所、高校、企业	自主研发
生态修复产业	1	支持生态草牧业示范区建设	政府、企业、科研院所、高校	自主研发
	2	构建绿色病虫害防控技术体系	科研院所、高校	中外技术合作
	3	防沙治沙区域性成效与评估技术研究	政府、企业、科研院所、高校	自主研发
	4	沙漠锁边防护林体系建设技术与模式	政府、企业、科研院所、高校	自主研发
	5	天然林资源保护、更新和利用技术	政府、企业、科研院所、高校	自主研发
	6	半人工草地、人工草地建植技术	政府、企业、科研院所、高校	自主研发
	7	草地休牧轮牧与人工促进改良技术	政府、企业、科研院所、高校	自主研发
资源循环利用产业	1	矿产资源综合利用（生物冶金技术）	高校、科研院所	自主研发
	2	汽车零部件再制造技术	科研院所、企业	中外技术合作
	3	废旧电器电子产品资源化利用（电路板自动拆解、破碎、分选技术）	科研院所、高校	中外技术合作
	4	废橡胶废塑料资源再生利用（常温粉碎再生橡胶设备、废塑料混杂物分类技术等）	科研院所、高校	中外技术合作
	5	农林废物资源化利用（农作物秸秆还田技术）	科研院所、高校、企业	自主研发
	6	重点行业多污染清洁生产和末端治理协同控制技术	科研院所、高校、企业	中外技术合作
	7	重点区域和行业的关键、共性清洁生产技术	科研院所、高校、企业	中外技术合作
	8	水浸渣中钍、铌、钪等资源回收利用技术研究	科研院所、高校、企业	中外技术合作

（三）现代绿色生态产业的技术创新路径

结合自治区生态建设需求，建设自治区绿色生态产业技术创新体系。全面提升生态综合治理建设与生态保护可持续利用的长效科技支撑能力，构建生态建设与经济效益双赢的适用技术体系，实现绿色生态体系中水、气、牧草、沙土等资源的合理布局，提高循环经济利用率和能源利用效率的提升。

结合国际技术发展趋势和自治区绿色生态产业资源优势与技术需求，短期内推出以政府主导的技术创新体系，可效仿美国的环保产业技术创新发展阶段，完善法律法规和标准体系，实现环境监测的集中管理，配合信息技术和大数据体系，实施排污许可制度，以环境税或排污交易保障治理资金等专项资金投入促进技术创新的发展。

中期可推出以技术创新平台为主导的产业技术创新体系，加速技术与企业的结合，降低技术交易成本，通过政府在初期给予的包容性的创新政策、资本和服务等要素的支撑，打造一批自治区创新服务平台和生产研发平台。

长期推出一批以市场为主导的平台型技术创新企业，对细分技术领域的领先企业和国际先进技术进行并购整合。长期可结合人口和区位优势，效仿日本的技术创新路径，即从环境治理、生态修复到生态建设和创造，推动平台型企业进入"生态建设和创造"领域，更加关注现代绿色生态产业的前期规划与后期运营的技术衔接。

建立全区生态环境大数据平台，进行资源与生态要素数据化集成与分析。针对我区森林、草原、沙漠、沙地、湖泊、湿地等生态类型，按照立地条件一致性划分为若干类型区，建立不同类型区生态保护与资源可持续高效利用技术规范体系。

建设若干园区基地，开展荒漠化防治产业化科技创新示范。围绕生态修复、水生态环境、水土保持、生态产业，形成一系列经济、稳定、可复制的区域生态保护与修复发展模式。

加强北方生态屏障保障功能提升理论和技术研究，形成理论和技术优势。绿色生态产业技术链"黑色技术体系→灰色技术体系→绿色技术体系"的发展演变过程，是不同层次技术系统整体的跃迁与变革，是不断打破旧技术体系，重新构建新技术体系的颠覆性变革，在这种技术体系的演化与变迁过程中，往往涉及产业链结构性变革、制度变革、法律、管理变革和价值观念及思想意识等全方位的创新。

七、现代数字服务产业

（一）现代数字服务产业技术创新现状

产业发展趋势。新一代科技革命和产业变革大背景下，全球范围内数字经济和数字服务产业蓬勃发展。党的十九大报告明确提出数字中国战略和"互联网＋"战略，推动互联网、大数据、人工智能和实体经济深度融合。以数字产业化和产业数字化为主要内容的现代数字服务产业，是自治区现代产业体系的重要组成部分。数字化基础设施、新一代信息技术、"互联网＋"与传统产业数字化转型正成为自治区经济高质量发展的新动能、新引擎。内蒙古自治区党委、政府高度重视信息化发展，准确把握信息化发展新阶段的趋势，抢抓新一轮科技革命和产业变革的历史机遇，把发展现代数字服务产业作为推进产业转型升级、转变经济发展方式的战略举措。

产业资源基础。公安、卫计、环保、扶贫、社保、工商、质监、统计、社会信用等领域的大数据应用取得积极成效。在全国率先建立了能源云、乳业大数据平台、稀土交易大数据平台、牧区全产业链溯源数据平台和煤炭、药材、草业等一批大数据应用系统，网络经济和行业信息化深入发展，沉淀了大量的数据资源，为大数据发展创造了有利条件。大数据基础设施日臻完善，国际、省际干线光缆加快建设，中蒙俄国际光缆和呼和浩特至北京的四条直通光缆相继建成，鄂尔多斯至北京的两条双路由光缆通道即将完工，乌兰察布至北京光缆传输系统工程第二路由开工建设，设立了呼和浩特区域性国际通信出入口局。"宽带内蒙古"工程和第四代移动通信（4G）网络全面建设，云计算数据中心初具规模，数据中心服务器居全国首位。成立了草原畜牧业溯源内蒙古大数据工程实验室、国家语言资源监测与研究少数民族语言中心蒙古文大数据研究基地、和林格尔新区大数据及人工智能应用孵化基地等。和林格尔新区大数据产业核心区建设，推动包头大数据创新产业园、赤峰云计算产业园、锡林郭勒大数据产业园、乌兰察布中关村科技产业园、鄂尔多斯高新技术产业园、乌海大数据产业园等大数据产业集聚区建设。

产业技术需求。通信网络基础设施支撑能力不足，数字服务产业基础研究、关键技术产品研发和应用创新能力薄弱，相关人才严重短缺，数据服务应用水平不高，存在应用领域不广泛、应用程度不深等问题，对实体经济支撑作用不强。大数据采集、存储、分析、应用及相关产业未形成规模，数据资源管理、开放共享、安全保护等法律法规和标准尚不完善，数字服务产业统计监测和评价指标体系尚未建立。

内蒙古现代数字服务产业发展现状如附表3-13所示。

附表3-13　　　　内蒙古现代数字服务产业发展现状

名称	发展现状	区内科研力量
云计算	电信、移动、联通三大运营商云计算基地均落户呼和浩特,华为、中兴、曙光等公司云计算中心落户乌兰察布、鄂尔多斯、包头,云计算数据中心初具规模,居全国首位	自治区内高校和科研院所;企业技术中心
大数据	信息化建设积累了丰富的数据资源。大数据行业应用不断深化。在全国率先建立了能源云、乳业大数据平台等一批大数据应用系统。大数据产业体系逐渐形成。和林格尔新区大数据产业园等一批大数据园区加快建设	自治区内高校和科研院所;企业技术中心
宽带通信	截至2017年底,出区互联网带宽6776Gbps,光缆线路长度98.5万公里,4G基站4.7万个,互联网宽带接入端口1378万个,固定互联网用户494万,移动互联网用户2360.3万,移动电话用户数2841.2万	移动、联通、电信三大运营商技术部门;华为、中兴等通信企业技术中心

(二)现代数字服务产业技术创新方向

一是信息通信基础设施。构建高速、移动、安全、泛在的信息通信网络设施。开发基于5G的移动互联网和物联网装备、器件和技术,目前通信网络频谱呈供需不平衡态势,5G高频段应用正成为主流的发展趋势,网络向多形式的异构形态转型,基站向云化架构演进,应当着力提高骨干网传输交换能力、宽带网络接入能力和移动网络覆盖能力。实施城镇光纤宽带网络建设工程、农村牧区宽带网络建设工程和移动通信网络建设工程,推进三网融合普及。推进"宽带内蒙古"建设,提升宽带接入能力。推动呼和浩特成为国家级互联网骨干直联点,加快和林格尔新区国际互联网数据专用通道建设,实施"呼包鄂"光缆传输、"乌兰察布至北京"光缆传输建设工程,推广应用5G和IPv6等新一代信息技术。到2020年,互联网出区带宽达到

5000Gbps，城镇、农牧林区宽带用户平均接入能力分别达到50Mbps和12Mbps，行政村4G网络实现全覆盖，5G用户超过20%。

二是云计算。发展技术先进、有自治区特色的云计算产业，加速推进混合云模式发展。依托国内顶级云计算数据中心和大数据资源，推进云计算重大设备、核心软件研发与应用，重点突破云计算平台大规模资源管理与调度、运行监控与安全保障等关键技术，提高相关软硬件产品研发及产业化水平。推进虚拟数据中心服务、云存储服务、分布式数据处理服务，建设国内一流的云服务基地。突破云计算协同技术、中间件与平台、云安全等核心技术，加快建设国家级云计算数据中心和超算中心。加强云计算对于传统制造、交通、金融、医疗健康等行业的渗透与融合，促进传统行业转型升级，充分利用好、把握好云计算带来的红利。

三是大数据。将自治区建设成为全国大数据中心，为决策、运营等提供数据分析支撑。围绕大数据采集、传输、存储、管理、处理、分析、应用、可视化和安全等关键技术加大支持力度，促进大数据关键技术产品产业化。开展大数据关键技术、解决方案研究，推进大数据分析、理解、预测及决策支持与知识服务等智能数据应用和技术创新。加强大数据在政务、金融、交通、通信方面的应用，提高决策、运营水平，增强风险控制能力。建设呼和浩特国家级大数据产业发展核心区，以及鄂尔多斯、包头、乌兰察布、赤峰等自治区级大数据产业发展集聚区。争取国家一体化大数据中心北方分中心落户内蒙古，引进国家部委、电信运营企业、大型互联网企业、金融机构数据中心。推动大数据在农畜产品加工、电力、装备制造等行业和电子政务、电子商务、交通旅游、草原生态、医疗健康、极冷环境下检验检测等领域的应用，构建集数据采集、存储、共享、分析、挖掘于一体的大数据应用产业体系，发展数字经济。

四是数据平台。建设集数据整合、数据处理、数据存储、数据分析、可视化等功能为一体的数据平台。依托内蒙古大数据公用平台和地区大数据中心，围绕数据感知、传输、处理、存储、统计、分析、挖掘、展现、应用等数据全流程，开展大数据基础应用研究，重点突破海量数据存储、数据预处理与新型数据挖掘分析、大数据信息安全等技术，形成一批具有自主知识产权的大数据标准和规范。

五是智能终端。建设先进的智能终端产业集群，加强区域产业集群的协同效应。推动金融电子、远程医疗、信息通信等相关可穿戴设备和智能终端信息制造业和服务业发展，采用金融财税等优惠政策，吸引该行业的企业入驻，形成区域效应。

六是人工智能。加强与传统行业的融合升级。推动自治区重点产业相关人工智能研究，并吸引先进企业，积极积累符合自治区发展方向的人工智能技术和产业基础。准确把握全球人工智能发展态势，构建基于移动互联网、大数据、超级计算、传感网、脑科学等新理论新技术的新一代人工智能创新体系，加强人工智能应用技术研发，特别是大数据智能、跨媒体感知计算、混合增强智能、群体智能、自主协同控制与决策等理论研究，支持知识计算引擎与知识服务技术、跨媒体分析推理技术、群体智能关键技术、混合增强智能新架构与新技术、自主无人控制等基础技术研究。根据自治区产业特点，积极研发生产智能软硬件、智能机器人、智能运载工具、智能终端等产品。

七是区块链。培育区块链技术在电子商务、物联网、金融结算、智慧医疗以及供应链管理等方面的应用。利用区块链技术的去中心化及数据的可靠性、稳定性等特征，推动传统产业的转型升级，加快推进内蒙古的数字服务产业发展。

内蒙古现代数字服务产业技术创新方向如附表 3-14 所示。

附表3-14　内蒙古现代数字服务产业技术创新方向、主体与方式

名称	科技创新方向	创新主体	创新方式
物联网	RFID技术	高校、科研院所和企业	技术合作
	嵌入式系统技术	高校、科研院所和企业	技术合作
云计算	数据中心建设与运营的关键技术	高校、科研院所和企业	技术合作
大数据	数据采集、存储、处理技术	高校、科研院所和企业	技术合作
宽带通信	光纤网络技术	高校、科研院所和企业	技术合作
	5G技术	高校、科研院所和企业	技术合作
人工智能	新型感知器件与系统	高校、科研院所和企业	合作研究
	人工神经网络的关键技术标准	高校、科研院所和企业	合作研究
	人工智能开源开放平台	高校、科研院所和企业	合作研究
区块链	分布式数据存储	高校、科研院所和企业	技术合作
	点对点传输	高校、科研院所和企业	技术合作
	共识机制	高校、科研院所和企业	技术合作
	加密算法	高校、科研院所和企业	技术合作

现代数字服务产业作为引领未来经济发展新增长极的重要驱动力量，需要加强各技术创新方向与传统产业的融合，以推动传统产业的转型升级。

一是数字服务与农牧业深度融合。以乳、肉、羊绒、马铃薯、蔬菜、粮油、草业等特色优势行业为重点，大力推动大数据在农牧业生产管理、产品追溯和市场销售中的应用。运用地面观测、物联网、遥感和地理信息技术等，加强农情、牲畜、植保、耕肥、农药、饲料、疫苗、农机作业、农畜产品价格等相关数据实时监测与分析。建设自治区农牧业大数据交换共享平台，实施农牧业资源、环境、产品、价格信息精准监测，提高农牧业生产管理、指挥调度能力，推动农牧业生产智能化。建立质量追溯、执法监管、检验检测等数据共享机制，利用农牧业生产、收购、贮藏、运输等环节的数据，加强农畜产品质量安全全程追溯，实现追溯信息可查询、来源可追溯、去向可跟踪、责任可追究。强化农畜产品产销信息监测预警数据支持，开展电子商务、期货交易、电子拍卖、批发市场电子结算等数据的监测分析，加强农畜产品加工数据采集体系建设，促进农畜产品产销精准对接。

二是数字服务与工业转型升级深度融合。以新型化工、绿色农畜产品加工、有色金属生产加工等特色优势行业为重点，加快工业传感器、射频识别（RFID）、光通信器件等数据采集设备的部署和应用，推动工业控制系统的升级改造，汇聚传感、控制、管理、运营等多源数据，提升产品、装备、企业的数字化、网络化和智能化水平。培育一批行业云平台，整合数据资源，打通各个环节数据链条，推动大数据在重点工业领域各环节应用。利用大数据精准感知用户需求，促进基于数据和知识的创新设计和研发；通过大数据监控优化作业流程，强化故障预测与健康管理，提升产品质量，降低能源消耗；集成运用人力、财务、生产制造、采购等关键经营环节的数据，提升管理效率和决策水平；促进大数据在售前、售中、售后服务中的创新应用。利用大数据加快中小企业集群发展，打造一批提供全产业链应用服务的优质企业平台，带动配套中小企业汇聚，推动上下游间协同制造和个性化定制。培育企业间基于大数据的创业孵化、协同创新、网络众包、投融资的产业链生态。发展制造即服务模式，促进生产型制造向服务型制造转变。

三是数字服务与能源经济深度融合。鼓励建设智能风电场、智能光伏电站等设施及智慧运行大数据平台，实现可再生能源的智能化生产。鼓励煤、油、气开采、加工及利用的全链条智能化改造，实现化石能源绿色、清洁和高效生产。加强电力、天然气需求侧管理，普及智能化用能监测和诊断技术。建设信息系统与物理系统相融合的智能化用能调控体系,实现能源生产与消费的快速响应与精确控制。鼓励开展面向能源终端用户的用能大数据信息服务,对用能行为进行实时感知和动态分析,实现远程、友好、互动的智能用能控制。鼓励各地区整合煤炭、电力、石油、天然气、可再生能源等数据资源,建设多层次的自治区能源大数据应用体系,实现能源生产、传输、消费等相关市场主体数据的集成、共享与应用。支持石油、电力、天然气等企业集团的大数据平台开发和应用示范。着力推进风力、光伏、煤层气、页岩气等各类新能源数据整合,利用大数据提高新能源使用效率。

四是数字服务与新兴服务业深度融合。加强大数据在电子商务、现代物流、科技服务、信息技术服务、农牧业生产服务等生产性服务业中的应用,促进生产性服务业向专业化和价值链高端延伸。加强大数据在旅游、商贸流通、文化产业、体育产业、居民和家庭服务、健康服务、养老服务等生活性服务业中的应用,促进生活性服务业便利化、精细化、品质化发展。大力推动基于大数据的普惠金融服务体系建设,利用大数据等信息科技手段加强金融监管,促进金融创新和稳定发展。

(三)现代数字服务产业技术创新路径

推进政府部门间及政府和社会之间的信息互联共享,以解决信息孤岛、数据碎片化等问题。通过建立和不断完善"市民公共服务平台",构建智能化、数字化的办事流程和信息互联互通体系。在加强新一代信息技术创新、加强数字服务业的载体和平台建设、培育区内的数字化服务主体、完善数据开放和服务体系等几个方面推进数字内蒙古、智慧内蒙古建设。

加快推进内蒙古国家大数据综合试验区建设，着力构建以数据为关键要素的数字经济，大力培育新产业、新动能、新增长极，引领和促进经济高质量发展。推进大数据、云计算等技术与畜牧、矿业等自治区重点产业及政务、医疗健康领域的融合。组建自治区大数据应用研究院，统筹大数据应用研究，支撑传统产业的数字转型。

推动大数据科研能力创新和人才培养机制创新，深化产教融合，促进教育链、人才链与产业链、创新链有机衔接。向全国乃至海外招收相关专业的优秀人才，通过直接补贴、购房补贴等人才政策，吸引人才流入，形成强大的智力支撑。

加强对大数据应用重点企业招商引资的工作力度，引进落地一批国内外有竞争力的大数据企业和与自治区大数据产业关联度大、对转型升级带动强的大数据项目。通过财政、税收、土地等多方面的政策吸引相关企业入驻自治区。

加强与国内外科研机构和企业的合作，加强产学研协同创新，组建跨学科、跨领域、综合交叉的科研团队，构建产业技术创新联盟和研发机构。探索制定有利于科研成果转化的制度体系，健全科研成果转化收益分配机制，给予各高校、科研院所以相对自由的分配权。培育专业的技术转化机构，提升相关技术转化效率和质量。

采用研发投入加计扣除、税收优惠、直接补贴等政策引导企业加大对数字服务产业相关技术的研发投入，减少企业创新成本。对从事风险投融资的金融机构等予以政策优惠，进一步规范、刺激金融市场的活力，为创新、创业提供有力支撑。

实施"两化融合"工程。对标国家信息化和工业化融合管理体系标准，加快"两化融合"改造，实现规模以上工业企业对标全覆盖。

支持工业控制中心建设。实施"机器换人"计划，推进智能化改造，打造智能车间、智能工厂。发展基于大数据、互联网的个性化定制、柔性制造等服务型制造模式。支持"数据驱动型工厂"建设。建设若干具有一定区域影响力和行业支撑力的工业云平台。深入推进"万户企业登云"计划。